BASQUE SHEEPHERDERS
OF THE AMERICAN WEST

BOOKS IN THE BASQUE SERIES

THE BASQUE SERIES

BASQUE SHEEP HERDERS
OF THE AMERICAN WEST

A Photographic Documentary

PHOTOGRAPHS BY
Richard H. Lane

TEXT BY
William A. Douglass

UNIVERSITY OF NEVADA PRESS · RENO 1985

Basque Series Editor: William A. Douglass
University of Nevada Press, Reno, Nevada, 89557 USA
© Richard Lane, William Douglass 1985. All rights reserved
Printed in the United States of America
Designed by Dave Comstock

Library of Congress Cataloging in Publication Data

Lane, Richard, 1943–
  Basque sheep herders of the American West.

  (Basque series)
  Text in Basque, English, French, and Spanish.
  1. Shepherds—West (U.S.)   2. Basque Americans—West
(U.S.)   I. Douglass, William A.   II. Title.   III. Series.
SF375.4.W4L36   1985   636.3'0092'2   85-291
ISBN 0-87417-089-3

Contents

Haurkibidea

Indice

Table des matières

Preface

Anthropologist-photographer Richard Lane began photographing life in the sheep camps of northeastern Nevada in 1969. It was clear that the saga of the *artzainak* (Basque for "sheepherders") had entered its final phase and was in danger of passing from the scene without leaving any kind of systematic visual record. To be sure, the Basque herder had become the object of frequent superficial treatment in the popular press; indeed, his solitary existence amid spectacular scenery was increasingly extolled and romanticized for a reading public beset with the pressures of urban life. As a form of escapist literature,

---

Hitzaurrea

Richard Lane antropologo-fotogilea Nevada-ko artzankanpamenduak fotografiatzen hasi zen 1.969an. Argi zegoen *euskal artzainen* sagak bere azken aldia hasi zuela, eta bazegoen arriskua inongo ikustoroimen sistematikorik gabe betiko desager zedin. Noski, euskal artzaina herriprentsaren azalezko gaia izan da maiz. Hain zuzen, beraren bizikera bakartia paisaia ikaragarrien erdian, askotan goraipatu da eta erromantikoki aurkeztu kalebizitzearen ardurez zamaturiko irakurlegoarentzat. Eskapuliteraturaren eredu bezala, baina, horrelako erabilkerek ezer guti zioteen benetako egoeraz.

however, such treatment did little to convey the reality of the situation.

Lane dedicated himself to filming this disappearing way of life in all its complexity, including lambing, trailing, shearing, docking, shipping, and both winter and summer herding. For it was apparent that the Basque herder's existence is finely attuned to changing seasons and circumstances—a natural rhythm that is played out in a yearly cycle. Furthermore, this cycle differs from region to region (and even from outfit to outfit within a single area). Consequently, Lane extended his efforts to southern Idaho, Wyoming, and California's Central Valley.

The photographs in this volume were selected from among the several thousand taken by Lane over the past fifteen years. Each conveys some piece of the mosaic of the Basque sheepherder's life. They are drawn from a variety of geographical areas and are therefore not meant to portray the circumstances of any one herder,

---

Lane desagertzekotan zegoen bizikera honek zeukan konplexutasun guztia filmatzen hasi zen: bildots-hazkuntza, tokialdaketa, ilemozketa, zikirapena, ardibilketa eta negu eta udartzantza. Argi zegoelako euskal artzainen bizitzeak sasoi eta inguramen aldakorrarekin zeukan lotura estua, urte osoan zehar aitzineratzen den zikloa. Are gehiago, aurrerabide hau eskualderik eskualde desberdina da (lantzean behin, baita entrepresarik entrepresa). Horregatik, Lane-k bere lana Idaho-ko hegoalderaino, Wyoming eta Kaliforniako Haran Ertaineraino zabaldu zuen.

Liburu honetako argazkiak Lane-k azken hamabost urteotan egindako milaken artean daude aukeratuak. Bakoitzak euskal artzainen bizikerak osatzen duen mosaikoaren pieza bat erakusten du. Eskualde desberdinetatik datoz, eta beraz ez dute inongo artzain, arrantxu edo herrialderen erakusgai izan nahi. Izan ere, Iparrameriketako Sartaldean artzantzan orokorra dena saiatu gara biltzen.

ranch, or region. Rather, we have attempted to capture that which is generic to sheepherding in the open-range sheep outfit of the American West.

We wish to acknowledge several sources of support for this project. The Basque Studies Program of the University of Nevada, Reno, provided some funding, film, and office space. The National Endowment for the Arts and the Banco de Vizcaya both awarded grants to help defray the costs of Richard Lane's travel and film processing. Above all we wish to thank the many ranchers and herders who graciously permitted themselves to be photographed.

Finally, we wish to acknowledge the efforts of the translators of the original English text. Gorka Aulestia is responsible for the translation to Basque. Carmelo Urza and Gorka Aulestia collaborated on the Spanish translation which was then reviewed by Mertxe de Renobales, José Luis Granja, and Inés Valdeón. Marie-Pierre Arrizabalaga produced the translation into French which was then reviewed by Pierre Bidart and Vicente Garmendia. We wish to express our sincerest gratitude to all of the above.

Projektu honetako laguntza-iturri batzu aipatu gura genituzke: Nevada-ko Univertsitateko Euskal Ikaskuntzen Programa *(Basque Studies Program),* Renon, dirua, filmerik eta bulegoak eskaini baititu. *National Endowment for the Arts* delako elkartea eta Banco de Vizcaya dirulaguntzak eman dituztelako Lane-ren bidai- eta filmegastuak berdintzeko. Oroz lehen, baina, hainbeste arrantxari eta artzain fotografiatuak izateko baimena eman baitziguten.

Azkenik, jatorrizko ingelesetik itzultzaileek egin duten lana eskertu nahi dugu. Gorka Aulestia-k euskal itzulpenaren ardura hartu du. Carmelo Urza eta Gorka Aulestia-k gaztelaniar itzulpenean parte hartu dute eta atal hau Mertxe de Renobales, José Luis Granja eta Inés Valdeon-ek berrikusia izan da. Era berean Marie-Pierre Arrizabalagak egindako frantses itzulpena, Pierre Bidart eta Vicente Garmendia-k berrikusi dute. Guztiei gure eskerrik beroenak ematen dizkiegu.

Past Perspectives

Like the classic three-act play or the ideal essay, the history of Basque sheepherding in the American West has a beginning, a middle, and an end. The story commences in the 1850s when a few Basque Argonauts in the California gold fields became disillusioned with the miner's lot and turned their hand to sheep raising. The middle period began in the 1870s as Basque sheepmen spread throughout the American West; this period lasted into the early twentieth century, when crowding on the range and federal legislation controlling access to it effectively halted the expansion. The final phase was ushered in by the Taylor Grazing Act (1934) which banished the itinerant sheepman from the western scene

Iraganeko ikusmirak

Hiru ekitalditako teatrolan klasikoak bezala, edo saio ideialak bezala, euskal artzainen historiak Iparrameriketako Mendebaldean hasiera bat dauka, erdiko aldia eta bukaera. Kondaira 1.850aren inguruan hasten da, Kaliforniako urremeatzetan lan egiten zuten euskal argonauta batzuk, meetako lanarekin aserik, beren eskuak artzantzan jartzen dituztenean. Erdiko aldia, berriz, 1.870an, euskal artzainak Iparrameriketako Sartalde osoan zehar zabaltzen direnean. Aldi hau XX. menderarte heltzen da, gizaldi honen hasieran populazioaren ugalketak eta Estatu Batuetan sarrera kontrolatzen duten lege federalek zabalkundea geldierazten dutenean. 1.934an, *Taylor Grazing Act* (Taylor

and converted herding into a low-paid, dead-end occupation rather than an avenue of opportunity for an entrepreneur aspiring to build his own sheep outfit.

The early Basque settlers of the American West encountered a frontier. In the vast coastal valleys, deserts, and foothills of southern California they found ideal range conditions. Prior to their entry, the region was controlled by the famed Dons, holders of the original land grants from the Spanish Crown. Accustomed to a leisurely and extravagant life-style and committed to cattle raising on a grand scale, the Dons were unable to adapt to the new economic realities. Prone to chronic mismanagement, deserted when their employees were smitten with gold fever, harassed by the influx of squatters, and confronted by an Anglo-dominated official-dom hostile to their culture and class, the Dons were beleaguered on all sides. Years of drought followed by devastating floods all but destroyed the herds, driving land values down to ridiculous lows.

---

alakuntza-legea) delakoa argitaratzeaz, azken aldia hasten da. Lege honek artzain ibiltaria desagerrerazi zuen mendebaldeko agertoki-tik, eta artzantza bere artalde eta entrepresa osatzeko prest dagoenarentzako aukera barik, oso guti ordainduriko eta irteerarik gabeko lanpostua bihurtu zuen.

Iparrameriketako Sartaldeko lehen euskal kolonoek muga bat aurkitu zuten. Hegokaliforniako itsasaldeko haranetan, deser-tuetan eta mendixketan alapide ederrak idoro zituzten. Berak sartu baino lehen, herrialde osoa *Don* famatuen eskuetan zegoen, Espainiako koroak emandako lurraldeen jabeak ziren handikiak. Bizikera eroso eta bitxiari ohituak, eta abeltzantza handitan sar-tuak, jauntxo horiek ez ziren gauza izan errealitate ekonomiko berrietara ekantzeko. Era kronikoaz kudeakuntza txarraren jopu, haien langileak urrearen elgaitzak hartzen zituenean guztiz baka-rrik, etorkin usurpatzaileen eragipenaz irainduak eta beren kultura eta klasearen etsai zen ofizialtasun ingelesarekin burrukan, *Don*-

Sheep raising offered a viable alternative. Ovines proved resistant to the periodic droughts and generally arid conditions of the region. Compared with a cattle herd a sheep band needed little capitalization. Unlike a cattle operation—which required a home base, extensive deeded acreage, and a large labor force—a sheep outfit was potentially a landless, one-man concern. Given the flocking tendencies of sheep, a herder could handle a thousand animals or more, moving them from place to place in easy fashion. Sheep demanded constant supervision and protection from predators, so the herder remained with his band permanently, living in a tent and transporting his few belongings on the back of a burro.

If the herder's life-style was the very antithesis of the opulence of the landed Don, it eventually proved more lasting. To be sure, some of the Dons attempted the transition to sheep husbandry themselves, converting former cattle properties to sheep runs. However, the majority were either too disillusioned or too wedded

---

eak alde guztietatik zeuden erasota. Horrela, agorte-urteen ondoko uholde ikaragarriek ia abeltalde guztiak desegin zituzten eta lurraldeen balioak halako prezio merke barregarriak lortu zituen.

Artzantzak hautakizun bideragarria eskaintzen zuen. Ardiak oso ondo ekantzen ziren herrialde hauetako aldizkako lehorte- eta idortasun-baldintza orokorrekin. Abeltaldeekin gonbaratua artalde batek kapitalizazio txikia eskatzen zuen. Abeltzantzak ez bezala—oinarrizko etxe bat, zelai oso banatu eta eskrituratuak eta behargintalde handiak eskatzen dituena—, artalde bat potentzialki pentzerik gabeko gizon bakar baten arduraren entrepresa izan zitekeen. Taldetan egoteko ardiak duen joeragatik, gizon bakar batek mila animalia edo gehiago zuzen ahal zitzakeen modu errazaz, toki batetatik bestera joaten zelarik. Ardiak piztien kontrako defentsa eta gainbegiraketa eskatzen du etengabe, beraz zainak iraunkorki egon behar du artaldearekin, kanpaindenda txiki batetan bizi izanez eta beraren ondasun apurrak asto baten gainean eroanez.

to cattle ranching to make a success of the new venture. They ultimately either sold or leased their ranges to the increasingly ubiquitous herder/entrepreneurs.

The Basque contingent among the cosmopolitan ranks of the gold-seekers was particularly sensitive to the new opportunity. Most were drawn from rural districts of the Basque Country and had first-hand knowledge of animal husbandry, some (but not all) with sheep. More importantly, a number had come to California from southern South America where, by the 1830s, Basques were established as the major ethnic element in the expanding sheep industry of the pampas. For these men California offered the opportunity to replay the South American scenario, with the added advantage of a ready and inflated market for meat products in the nearby gold camps.

And so it began. Basques established themselves in the new economy and quickly acquired a reputation for skill and dedication

---

Artzainen bizikera *Don*-en bizitzearen oparotasunaren antitesia bazen ere, azkenean iraunkorragoa zela geratu zen ageriko. Noski, *Don* batzu artzantzarako aldaketa egiten saiatu ziren, aurreko abeltzantza-zelaiak arditako jarriz. Gehiengoa, ordea, etsirik zegoen edo eta abeltzantzarekin ondoegi lotuta mentura berrian arrakasta ukan ahal izateko. Azkenekoz, gero eta gehiago toki guztietatik agertzen ziren artzain-entrepresalariei beren jabetzak saldu edo alokatu egin zizkieten.

Euskaldunen saldoa urrebilatzaile kosmopoliten artean guztiz sendikorra izan zen aukera berrirako. Gehienak Euskal Herriaren baserri-eskualdeetakoak ziren eta bazeuzkaten animalien hazkuntzari buruzko lehen eskuko ezagumenduak, eta batzu (ez ordea denak) baita ardienari buruzkoak ere. Are gehiago, haietako batzu Kaliforniara Hegoameriketatik etorrri ziren 1.830aren inguruan; izan ere, euskaldunak ziren panpetako ardihazkuntzaren zabalkundean elementu etnikorik garrantzitsuena. Gizon hauentzat, be-

in caring for the flocks. As the original pioneers expanded their operations they sent to Europe for kinsmen and fellow villagers. The new arrivals first worked as herders, but few were content to labor for someone else indefinitely. Most used their savings to buy sheep or simply took their wages in ewes, running them alongside those of their employer before eventually hiving off to seek virgin rangeland.

In this fashion the sheep outfits expanded quickly beyond the confines of the original, mainly coastal, land grants. And it was in the arid interiors that a new complex developed. The lowlands were far too dry for conventional farming or year-round livestock operations. However, in the wetter winter months they provided adequate feed for the hardy sheep. For summer pasturage the bands were trailed into the high country of the Sierra Nevada and San Bernardino mountains.

Thus there emerged a pattern of sheep transhumance involv-

---

raz, Kaliforniak Hegoameriketako agertokia berreskuratzeko abagadunea eskaintzen zuen, ondoko urremeatzek osatzen zuten haragi-merkatu prest eta puztuaren gainerako abantailarekin.

Eta horrela hasi zen. Euskaldunek ekonomia berriaren ardura hartu zuten eta laster trebetasun eta artaldei emandako begirakeragatik fama lortu. Aurrenekoek beren lanesparrua zabaldu ahala Euskal Herrira bidali zuten abisua herkide eta herrietako lagunak eroateko. Heldu berriek lehendabizikoz artzain bezala egiten zuten lan, baina gutxi ziren beste batentzat luzaroan lan egiteko prest zeudenak. Gehienok aurrezkiak erabiltzen zituzten ardiak erosteko, edo bestela alokairuak bildotsetan jaso. Horrela, bada, lanemailearen ardiekin batera hazten zituzten, alapide berrien bila beren ardiak batu eta alde egin baino lehen.

Era honetan ardi-entrepresak bizkor zabaldu ziren jatorrizko eskualdetik at, alapideak zeuden itsasaldetik kanpo. Izan ere, barncalde idortuetan aitzineratu zen ekonomia berria. Herrialde be-

ing an annual trek between summer and winter ranges. An outfit might have to traverse as many as five hundred miles during the course of the year; but by moving slowly and feeding along the way, the sheep were not affected adversely. This arrangement between man, animals, and environment proved so adaptable to conditions in the American West that by the end of the century transhumant sheep bands were common throughout the region.

The spread of open-range transhumant sheep outfits was not, however, without its consequences and conflicts. Theoretically, most of the rangeland was in public domain and hence open to anyone on a first-come basis. Practically, there were strong counter-forces at play. The activities of the nomadic sheep outfits conflicted with the interests of both the advancing ranching frontier and the national desire to settle small farmers on homesteads. Cattlemen and large sheep outfits laid permanent claim to scarce creeks and mountain springs. Homesteaders claimed, fenced, and plowed the

---

herak idorregiak ziren nekazaritza edo urte osoko abeltzantzarako. Haatik, negu hezeko hilabeteetan aski bazka ematen zuten ardi gogorrentzat. Uda-alaguneak, berriz, San Bernardino eta Sierra Nevada-ko herrialde goietan aurkitzen zituzten artaldeek.

Horrela, bada, ardi-lekualdaketa-eredua sartu zen, urtero uda- eta negu-alaguneen arteko ibilaldia bezala agertzen zena. Artalde batek bostehun miliataraino kurri zitzakeen urte osoan zehar; baina oso astiro ibilita eta bidean bazkatuz ardiek ez zuten larregi pairatzen. Gizon eta animalien arteko egokitzea eta orobat inguru-giroa hain gertatu ziren moldagarri, ezen mendearen amaieran artalde ibiltariak oso gauza amankomuna baitzen herrialde oso honetan.

Artalde ibiltarien zabalkundea, haatik, ez zen arazorik gabe gertatu. Teorikoki alapide gehienak publikoak ziren eta beraz edozeinentzat irekita, "nor lehen, hura nagusi" erregelaren arauera. Praktikoki, baina, indar asko zegoen kontrakarra eginez.

better bottomlands. For both, the nomadic sheepmen—"tramps" in the pejorative parlance of the day—were anathema. The rancher and homesteader alike viewed the public domain adjacent to his private holding as a natural extension of it—an integral part of his overall operation.

That the nomadic operator was likely a "foreigner" and scarcely conversant with English made it all the easier to dismiss and even despise him as an interloper. While protecting a personal claim that rested upon a dubious legal base, it was possible to become sanctimonious about "little dark men," quick-buck artists who planned to return to Europe with their savings. Such persons were sometimes depicted as just as detrimental to the settlement and development of the American West as the region's natural vermin. Consequently, they were not to be dealt with any less gently than were the Indians or the predators. Add to this the convenient myth that sheep were intrinsically injurious to the

---

Ardi nomaden iharduera gatazkan zegoen zabalduz zoan arrantxarien mugarekin, eta orobat baserritar ez oso aberatsek lur libreak koloniatzeko zegoen nahi nazionalarekin. Abeltzainek, eta ardi-entrepresek, halaber, herrialdeko erreka apur eta mendi-iturrietako jabetza-eskakizun iraunkorrak egiten zituzten. Nekazariek, berriz, hartu, zedatu eta goldatu egiten zituzten lurrik onenak. Bientzat, artzain ibiltariak—arloteak *(tramps)* orduko hizkera ezezkorrean—anatema ziren, eta biek, hala arrantxariek nola laborariek, beren lurren ondoko jabetza publikoa lur horien zabalgune naturala bezala zekusaten—beraren ekintzaren parte ezinutzizkoa.

Langile ibiltaria "arrotza" zelarik gehien bat eta ingelesez oso guti egiteko gai, hainbat errazago egiten zuen bera sarkin bat bezala egotzi eta arbuiatzeko joera. Hain legezko oinarri zalantzakorrez egindako jabetza-eskakizunak defendatuz, oso erraza zen horrelako "gizon txiki beltzaranez," Europara egin aurrezkiez itzultzea pentsatzen zuten artista dirugileez ponteigelak bihurtzeko. Halako

range—scientifically unverifiable but given almost universal cre-
dence—and it is easy to imagine the passions in the breast of the
permanent settler as he contemplated the unwelcome band enter-
ing "his" range.

Harassment of the tramp operators, then, came to be regarded
as economic necessity and legitimate sport. It took many forms,
ranging from the subtle to the violent. Large cattle outfits might
maintain a sheep band that could be purposely driven towards any
encroaching tramp operator. Separating the bands on the open
range was an arduous task. A day or more was lost preparing
makeshift corrals and the agitated animals suffered weight loss.
Rancher-dominated town councils and county commissions legis-
lated unconstitutional ordinances prohibiting tramps from
approaching within specified distances of settled livestock opera-
tions. Few of the two- or three-mile-limit laws stood the test of legal
challenge, but all served to create a climate in which simple in-

---

pertsonak Iparrameriketako Sartaldearen koloniakuntza eta au-
rrerabiderako, herrialde horietako "ziringiloak" bezain kaltegarri-
tzat pinta zitezkeen. Horregatik, ez ziren indiarrak edo piztiak
baino hobeki erabili behar. Gainera bekio horri, ardi alapidetarako
funtsez txarra zelako mito komenigarria eta zientifikoki ezin fro-
gatzekoa, baina fidagarritasun unibertsalaz onartua. Orduan, oso
erraza da ulertzea kolono iraunkorraren amorrua "bere" alagunetan
artaldeak sartzen ikusten zituenean.

Langile ibiltarien esestaldia, beraz, behar ekonomiko bat be-
zala eta orobat kirol legezkoa bezala ikustea oso gauza amankomu-
na bihurtu zen. Era askotan egiten zen, hala zimarkunkeriaz nola
indarrez. Abeltalde handiak artalde baten kontra jar zitezkeen, gero
inguruan zebilkeen beste artalde batetarantz apropos bultzatzeko.
Artaldeak banatzea oso lan neketsua zen. Egun oso bat edo luzeago
gal zitekeen behin behineko ezkortak egin bitartean, eta animalia
urduriek pisua gal zezaketen. Arrantxariak nagusi zireneko udalek

timidation flourished.

The alien tramp operator, freshly arrived in a particular district, was in a poor position to contest the claim of the cowboy sent out to inform him he was in trespass. In the resulting confrontation he was doubly handicapped as he struggled to plead his case in broken English. Most moved on, perhaps dawdling as long as possible in order to take some advantage of the available feed. Occasionally, however, tempers flared and reason was replaced by violence. More than one herder was roped and dragged behind a horse, just as more than one buckaroo fell to a herder's .30–30 rifle.

Such nasty and tragic events heightened tensions but did little to solve the problem. Developments at the federal level were of far more importance to the regulation and ultimate demise of the open-range tramp operator. Near the turn of the century Congress legislated the national forest and national park systems, placing most timbered areas of the American West under direct federal

---

eta konderribatzordeek ordenantza ilegalak egiten zituzten, artzainei abeltaldeak zeuden tarte mugatu batzuen barruan hurbiltzea debekatuz. Bi edo hiru milietako muga-legeak ezin zuzenets zitezkeen legez, baina denek larderia nagusi zen giroa sortzeko balio zuten.

Artzain arrotza, berriki barruti batetara heldua, oso egongune desabantailatuan zegoen berarengana halako tokietatik ezin igaro zitekeela esteko zetorkion unainaren baiezpena zalantzatan jartzeko. Gertatu burrukan bi bider zegoen elbarriturik, bere kasua halako ingeles gaizto batez defendatu behar zuelako. Gehienak aurrera zoazten, ahal den luzeen bertan egonez, esku zegoen bazka ahal zen modu guztiaz erabiltzearren. Inoiz, halaz ere, aldarteak berotzen ziren eta arrazoiak indarkeriaz ordezkatzen ziren. Artzain bat baino gehiago zaldi baten atzean lotu eta narraz izan zen eramana, betzain bat baino gehiago artzain baten .30–30 fusilaren amorez egotzia izan zen bezala.

management. Henceforth access to the former high-country sum-
mer ranges was to be restricted. Grazing of cattle or sheep was
prohibited within the national parks, but since they comprised
only a small portion of the total affected area this did not suppose a
great hardship for the livestock industry as a whole. Access to
grazing on national forest land was to be determined by an allot-
ment system under which local boards comprised of settled ran-
chers made the allocations. In order to qualify for a permit a man
had to be a U.S. citizen and own ranch property. Not surprisingly,
most ranchers supported the plan and the region's press headlined
the news "Basque Sheepmen are Excluded from Reserve."

Ironically, the apparent victory quickly proved ephemeral
since the legislation actually exacerbated the problem posed by the
tramp operators. Excluded from much of their former range, the
itinerants became more concentrated in certain districts. Many of
the mountain ranges in the interior of the western United States

---

Horrelako gertakari nazkagarri eta tragikoek tirandura gogor-
tzen zuten baina ez arazoa ebazten. Maila federaleko bilakaera
askozaz garrantzitsuagoa izan zen eskualde libretako artzain ibil-
tariaren arautzerako eta azkenez gertatuko zen beraren heriotze-
rako. Mendearen amaieran kasik Biltzarre Nazionalak *(Congress)*
baso eta parke nazionalen sistemak legeztatu zituen. Ipa-
rrameriketako Mendebaldeko zuhaiztirik gehienak kudeakuntza
federalaren pean ezarriz. Harrez gero, herrialde goietako ala-
gunetarako sarrera askozaz mugatuago egonen zen. Parke
nazionalen barruan abelgorri eta ardien alaldia galerazi zen, baina
berauek ikuturiko eskualdeen sail txiki bat baino ez zirenez, ez zen
hau animalien hazkuntza-industriarako lar eragozpen latzik izan.
Baso nazionaletako alagunetarako sarrera halako banaketa-sistema
batez eginen zen, non herrialdetako arrantxariek osatzen zuten
batzordeek banaketa egiten baitzuten. Baimen bat eduki ahal
izateko, pertsona batek iparrameriketar hiritarra izan behar zuen

were too thinly forested to qualify for inclusion in the national forest scheme, and yet were sufficiently alpine to support summer grazing. In 1909 the Caldwell (Idaho) *Tribune* reported:

> The sheepmen of Owyhee countee [*sic*] are sorely beset by Biscayans, Bascos as they are commonly called, and trouble might result most any time. These Bascos are coming in great numbers and are driving the other sheepmen from the range.
>
> The sheepmen are now thinking of trying to get their range taken into the forest reserve. This is the only method by which the Bascos can be kept out. Even then the sheepmen will have to wage a boycott in order to accomplish anything. The Bascos can buy sheep from men who have range allotments in the reserves and thus get on the range, reserve or no reserve. The scale and the methods of doing business of the Bascos are on a par with those of the Chinamen.

---

eta arrantxu bat bere jabetzaren pean ukan. Ez da harritzekoa, arrantxaririk gehienek plan berriari eutsi zioten eta herrialdeko prentsak honelako izenburuz argitaratu zituen berriak: "Euskal artzainak erreserbatik baztertuak."

Ironikoki azaleko garaipen hau oso laburra zela ikusi zen, legeria berriak artzain ibiltarien arazoa zorroztu baino egiten ez baitzuen. Aurreko alagunetatik baztertuak, artzain ibiltariak eskualde batzutan bakarrik bildu ziren. Mendietako alapide askok, Iparrameriketako Mendebaldearen barruan, zuhaitz gutiegi zeukan baso nazionalaren izendapena jaso ahal izateko, haatik aski alpetar ziren udaldietako alaldiak jasan ahal izateko. 1.909ean *Tribune* zeritzon Caldwell-eko egunkariak (Idaho) honela zioen:

> Bizkaitarrek Owyhee konderriko artzainak (*Bascos* erizten ohi zaienez) erasotzen dihardute era gogorrez eta istiluren bat gerta daiteke edozein unetan. *Basco* hauek kopuru handitan heltzen

In a similar vein a 1920 issue of the *Nevada Stockgrower* stated:

> The tramp farmers, the old name for the Basques, are on
> the summer range the twentieth of March, this year, until an
> early snow ran them off. We are just run out with them. They
> run right to a man's fence. If something is not done we will have
> to quit running stock. It is hard to say a resident American has
> to quit business on account of aliens . . .

Such, then, was the situation during the first three decades of the
twentieth century.

By 1930 the livestock industry of the American West was in
desperate straits. Vast stretches of the public domain were serious-
ly overgrazed and the Great Depression was bankrupting many
operators—tramps and settled livestockmen alike. To make matters
worse, in 1934 parts of the Great Basin experienced one of the
worst droughts ever. Desperate sheepmen sent their bands to west-

---

ari dira eta beste artzainak alagunetatik botatzen.

Artzainek orain beren alapideak baso-erreserben barruan
ezartzeaz gogoeta egiten dute. Hau da *Basco*ak albora uzteko
modu boikota ezer lortuko bada. *Basco*ek erreserbetan baime-
nak dauzkaten gizonengandik ardiak erosten dituzte eta horre-
la alagunetan sartzen dira, erreserba izan zein ez. *Basco*en neu-
rria eta metodoak dirua egiteko, txinatarren parekoak dira.

Antzeko era batetan 1.920.ko *Nevada Stockgrower* delakoaren ale
batek zioen:

> Baserritar ibiltariak, euskaldunen izen zaharra, uda-alapidetan
> Martxoaren 20an daude aurten, elur goiztiarrek handik jaurti-
> kitzen dituen arte. Gu ere leporaino gaude haiekin. Norberaren
> hesiraino heltzen dira. Zeredozer egiten ez bada, animalien
> hazkuntza utzi beharko dugu bertan behera. Latza da, ipa-
> rrameriketar hiritar batek negozioak utzi behar dituela arrotzak
> direla bide . . .

ern Colorado in search of relief. Alarmed Colorado ranchers and homesteaders pressured their congressional delegation for protection. Consequently, Senator Edward Taylor successfully introduced legislation which was to bring the remaining public lands under the control of what was ultimately to become the Bureau of Land Management, an agency of the Department of the Interior. This landmark legislation was consonant with the earlier national forest management scheme, excluding alien, landless graziers from the public domain. This ended the era of the itinerant Basque sheepman.

While the long-standing competition between the tramp sheepmen and their rancher antagonists, and its resolution in favor of the latter, provided spectacular copy for the region's newspapers, there were other facets of Basque history in the American West. By the end of the nineteenth century, Basques had a group reputation as the best and most dependable herders and were preferred by

---

Halakoa zen, beraz, hogeigarren gizaldiaren lehen hiru hamarkaden egoera.

1.930an Iparrameriketako Sartaldearen abelazkuntza estualdi gogorretan zegoen. Jabetza publikoaren eskualde zabalak larregi zeuden ala izanda, eta Jeistaldi Haundia *(The Great Depression)* entrepresalari asko desegiten ari zen, artzainak bezala, hala abeltzainak ere. Gauzak gaitzago jartzeko, 1.934an *Great Basin* (Sakana Haundia) delakoak inoizko idorterik txarrenetako bat jasan zuen. Artzain desesperatuek Koloradoko Sartaldera igorri zituzten beren ardiak erremedio bila. Koloradoko arrantxari eta baserritarrek, kezkaturik baina, beren Biltzarreko ordezkariak presionatu zituzten laguntza eske. Horrela, bada, Edward Taylor senatoreak, arrakastaz, lege berriak proposatu zituen jabetza publikoaren menpe zeuden beste eskualdeak, azkenez *Bureau of Land Management* (Lurkudeakuntzarako Bulegoa) bihurtuko zenak, Barneministergoaren agentzia bat, kontrolatuak izan zitezen. Legeria garrantzitsu hau

Basque- and non-Basque-owned outfits alike. A Basque penchant for honesty, frugality, and hard work elicited the kind of grudging admiration reflected in the verses penned in 1912 and published in one Nevada newspaper. Called *Luck a la "Basco,"* the author, C. C. Wright, wrote as follows:

> Some "Basquos" came from Spain last week
> And all went out to herding sheep;
> They passed some loafers on the way,
> Who had some unkind things to say
> About the country—how it's run—
> To what dire end it's bound to come,
> And how the poor man stands no show—
> He might as well to Hazen* go.
> And went o'er and o'er that time-worn gag

*A hot, dry Nevada town.

---

aurreko baso nazionalen kudeakuntzarekin oso ondo egokitzen zen, arrotzak eta zelairik gabeko alatzaileak bazter uzten baitzituen. Honetara, beraz, euskal artzain ibiltariaren garaia amaitzen zen.

Artzain ibiltaria eta arrantxari etsaiaren arteko luzaroko burrukak eta azkenekoen garaipenak herrialdeko berrikarietarako mamia eman bazuten ere, bazeuden euskal historiaren beste alde batzu Iparrameriketako Mendebaldean. Hemeretzigarren gizaldiaren bukaerako euskaldunek, talde bezala, zainik onenak izatearen ospea bazuten, eta ardijabeek, hala euskaldunek nola erdaldunek gainerakoen artean nahiago zituzten. Euskaldunaren zintzotasunerako joerak, urritasunerako jauginak eta orobat lan gogorrak, 1.912an Nevadako egunkari batek argitaratu zituen bertsoetako mirespen herratsu bezalakoa sorterazten zuten.

> Euskaldun batzu Espainiatik igaro zen astean etorri ziren
> eta denak joan ziren artzantzara;

About dividing up the wealth,
When each could travel for his health.
And as their cigarettes they smoked
They all about sheepherding joked,
And wished, meantime, some easy gink
Would come along and buy a drink.
Five years the Basque will follow sheep,
And every cent he gets he'll keep,
Except what little goes for clothes.
And then the first thing someone knows
He's jumped his job and bought a band
And taken up some vacant land,
And then the fellows who still prate
About hard luck and unkind fate,
And wail because they have no pull,
May help the "Basquo" clip his wool.

---

bidean txorigaldu batzuk
gauza zakarrak esan zieten
herrialdeari buruz—nola aurrera egiten duen—
helduko garen negargarrizko azkena,
eta nola gizon behartsuak ez duen ezelako erarik—
Hazen-era joan daiteke.*
Behin eta berriro kontatu zuten
aberastasunen banaketari buruz esaniko kontu zaharra,
bakoitza bere onaren bila zebilenean.
Eta beren zigarrotxoak erretzen zuten bitartean,
artzantzari irri egiten zioten
eta gizon inozo bateren igaroketa irrikatzen zuten
haren gonbiteaz zurrut egiteko.
Bost urtean euskaldunak artaldeari jarraituko dio,
eta azken zentimoa ere gordeko du,

*Hazen Nevada-ko herri lehor eta beroa da.

The realization that the Basque sheepherder and operator had emerged as the indispensable backbone of the sheep industry was slow in coming. Certainly by the 1920s there was a glut of Basque herders in the American West, and the unemployed in their ranks took other menial employment or tarried in the many Basque boarding houses, awaiting the call of a potential employer. However, the decade was one of restrictive U.S. immigration policy, and the exclusion of Southern Europeans acquired particular emphasis as Congress sought to stanch the influx of the world's "huddled masses." In 1924 a new immigration act set the quota for Spanish nationals at 131 persons annually. This measure effectively curtailed the legal entry of significant numbers of herders from Vizcaya and Navarra, the two areas that formerly provided the bulk of the Basque sheepherders found in the American West. French nationals were afforded a larger quota, but the French Basque area, with a total population of less than 200,000 (compared to about 2,000,000

---

jantziak erosten gastatzen duen diru apurra izan ezik,
eta orduan jendeak bat-batean jakingo du
hark lana utzi eta artalde bat erosi duela
eta jabe gabeko lurren bat beregain hartu duela,
eta orduan zorte txar eta halabehar gogorragaitik
arranguratzen direnek
eta indarrik ez dutelako hileta jotzen ari direnek, euskaldunari
lagunduko diote artilea mozten.

Euskal artzaina ardi-industriaren premiazko oinarria bihurtu zelako kontzientzia oso astiro aurreratu zen. 1.920, urtearen inguruan, jakina, bazegoen pilo bat euskal artzain Iparrameriketako Sartaldean, eta haien arteko langabeek beste eskulanak egiten zituzten, edo bestela han hemenka zeuden euskal jatetxeetan lanemaile baten deia itxaroten zuten. Haatik, hamarkada hartan, Iparrameriketako emigrazio-politika murrizgarria zen gehien bat, eta

Spanish Basques), remained a less important source of labor for the American sheep industry.

Abolishment of the itinerant operators in the mid-1930s temporarily alleviated a growing shortage of herders, for many of the displaced entrepreneurs sought employment with the larger, landed sheep outfits. However, by the 1940s the general shortage of manpower during the World War, coupled with attrition in the ranks of the herders as some retired and others returned to Europe, precipitated a labor crisis of serious proportions. Most outfits were undermanned, and desperate sheepmen pirated one another's employees.

The concerned ranchers pressured their congressional delegations for modification of the immigration statutes to exempt Basques from the stringent national-origins quotas. Initially the lobbying resulted in a series of "private bills," individual legislation introduced to legalize the status of particular aliens who had

---

Biltzarre Nazionalak munduko "masa ezkutatuen" eragipena mugatzen saiatu zenean, Hegoeuropearren bazterketak are gorago jo zuen. 1.924.eko inmigrazio-lege berri batek espainiar hiritarren kopurua 131an uzten zuen urteko. Neurri honek, Bizkaiko eta Nafarroako artzainen sarrera legalen kopurua txikitu zuen benetan, herrialde bi hauek baitziren Iparrameriketar Mendebaldeko artzainen muina ematen zutenak. Frantses hiritarren kuota handiagoa zen, baina Ipar Euskal Herriak, 200.00 pertsona baino gutiagoko populazioarekin (Hego Euskal Herriko ia bi miliorekin erkaturik), askozaz iturri apalagoa iraun zuen Iparrameriketako ardiindustriaren langiletan.

Artzain ibiltarien abolipena 1.930en erdian, handiagotuz zoan zainen beharra erremediatu zuen apur batez, hainbeste desplazatutako artzainek lana bilatu baitzuen zelaiak bazeuzkaten ardientrepresa handiagotan. Hala eta guztiz ere, 1.940etan mundugerrak sorturiko gizaindarren murrizketa zela bide, eta orobat

jumped ship and made their way to the sheep-raising districts. Between 1942 and 1961 some 383 men received permanent residency under "Sheepherder Laws." However, this piecemeal approach proved to be a mere palliative for the industry's growing labor shortage.

Throughout the 1940s there were dire predictions of the imminent collapse of the sheep industry. By the end of the decade it could be stated that the numbers of breeding ewes in the western United States had declined by 40 percent. With their very survival at stake sheepmen began to organize for the sole purpose of implementing herder importation programs. In 1942 such organizations emerged in both western and eastern Nevada. The Wyoming Woolgrowers' Association likewise addressed the problem as did the California Range Association.

Initially it was proposed to recruit herders from among Basque refugees of the Spanish Civil War resident in Mexico. However,

---

artzainen kopuruaren laburtze geldoa, batzu erretiratzen zirelako eta beste batzu Europara itzultzen, halako langile-krisi izugarri bat sortu zen. Artalde gehienek ez zeukaten behar beste artzainik eta etsiriko ardijabeek batak bestearen langileak piratatzen eta lapurtzen zituzten.

Arrantxari kezkatuek beren biltzar-ordezkariak presionatu zituzten, euskaldunak jatorri nazionaletako kuota-sistema gogorretik libratzeko. Hasieran, eragipenaren gertatua halako "erabaki pribatuak" izan ziren, h.d., atzerritar batzuen egoera legeztatzeko lege indibidualak, itsasuntzian sartu eta artzantza-eskualdetara beren bidea egin zutenak. 1.942. eta 1.961. urteen bitarteen, 383 gizonek erresidentzia iraunkorra lortu zuen "artzain-lege"en bidez. Haatik, erabilkera puntual hau ez zen lagungarri bat baizik izan industriaren lanindarraren beharretan.

1.940 inguruan, bazeuden ardi-industriaren hondamendi izugarriaren aurresanak. Hamarkadaren bukaeran Mendebaldeko

when this proved unworkable the effort shifted to the Old World. The congressional champion of the beleaguered sheepmen was Senator Patrick McCarran of Nevada. McCarran wielded enormous influence in the Senate, was a former sheepman himself, and, ironically, an outspoken opponent of a liberal immigration policy. The apparent contradiction notwithstanding, McCarran argued that Basque herders should be afforded special treatment.

In 1950 he successfully sponsored Public Law 587 permitting 250 herders to enter the country. In 1952 Public Law 307 provided for the entry of an additional 500 men. It also authorized the California Range Association to effect recruitment for the whole industry, thereby converting it into a national organization. Its officers were all established Basque sheepmen. Representatives were sent to Europe to secure herders under the program.

From the outset the effort was plagued with difficulties on both sides of the Atlantic. Wary U.S. federal officials emphasized

---

ardi emankorren kopurua %40 txikiago zela esan zitekeen. Super-bizipena kolokan, ardijabeak artzain berrien inportazio-programak aurrera eroateko antolatzen hasi ziren. 1.942an horrela-ko erakundeak sortu ziren bai Nevadako sartaldean eta bai sortal-dean. *Wyoming*-eko *Woolgrowers' Association* delakoa eta halaber *California Range Association* ere arazoaz hasi ziren axolatzen.

Hasieran Mexikon Espainiako gerla zibilagatik zeuden eus-kaldun herbesteratuen artean saiatzea proposatu zen. Baina ahalegin hau burutezin gertatu zenean, saioak "Mundu Zaharrera" (Euskal Herrira) aldatu ziren. Erasotako ardijabeen defentsari nagusia Nevadako Patrick McCarran senatorea izan zen. McCar-ran-ek eragipen handia zeukan senatuan, bera ardijabe ohia eta, ironikoki, inmigrazio-politika liberalen kontrari agerikoa. Kon-traesana eta guztiz ere, McCarran-ek euskal artzainek erabilkera berezia ukan beharko zuketela defendatzen zuen.

1.950ean, berak *Public Law 587* (587. Lege publikoa) delakoari

that the plan was a temporary expediency. Before aliens could be imported into a particular area its state employment service had to certify that no American citizens were available for the work. Also, the candidates were to be charged against the annual national quota of their country of origin, which in the Spanish case was pathetically low. Finally, the men were to be screened in Europe to ensure that they were knowledgeable about sheepherding and in good health. For their part, the Spanish authorities insisted that all Spanish nationals qualify for the program. Reluctant sheepmen often exercised their right of refusal when the applicant turned out to be a non-Basque Spaniard.

By 1956, 893 men had entered the United States under the program. A decade later there were 1,283 herders under contract to the Western Range Association (a national sheepmen's organization that evolved out of the California Range Association). By this time virtually all open-range sheep outfits were members and

---

eutsi zion arrakastaz, 250 artzainen sarrerarako baimena ematen zuena. 1.952.eko 307 Lege publikoak beste bostehun artzainentzako sarrerabaimenak ematen zituen. Horrez gain, *California Range Association* delakoari kargua ematen zion industria osorako bilketa egiteko, era horretan erakunde hori nazionala bihurtuz. Beraren ofizialeak ondo erroturiko euskal artzainak ziren. Ordezkariak Europara bidaltzen ziren programaren peko artzainak segurtatzeko.

Hastapenetik ahalegina eragozpenez beterik zegoen Atlantikoaren bi aldetan. Estatu Batuetako ofiziale federal arretatsuek plana behin behineko baizik ez zela egiten zuten ageriko. Inongo eskualdetan atzerritarrak inportatuak izan ahal baino lehen, beren *State Employment Service*-k (Enplegu-zerbitzu estatala) zertifikatu egin behar zuen ezein iparrameriketar hiritarrik ez zegoela prest lana egiteko. Gainera, etorkingaiak, zetozten estatuen kuoteetan zenbatu behar ziren, Espainiako Estatuaren kasuan saminki

depended upon the association for their labor. Officials of the WRA met periodically with representatives of the U.S. Immigration Department, the Department of Labor, and negotiators for the Spanish government to work out details. The agreements set wages and working conditions, while fixing the length of the herders' stay in the United States. After a number of the first recruits abandoned herding for other occupations, to the chagrin of the sponsoring sheepmen and the U.S. labor officials alike, it was decided to give each herder a temporary visa for three years, subject to revocation if he left the sheep industry. Upon termination of his contract he was required to depart the United States, thus precluding the five-year continuous residence that would qualify him for permanent residency and the freedom to choose other employment. However, he could later sign a new contract and return for another sheepherding stint. Some of the herders completed as many as three or four contracts, interspersed with stays of several months or even years

---

txikiak zirelarik. Azkenez, gizonek Europan bertan etsaminatuak izan behar zuten, artzantzaz bazekitela erakusteko eta halaber osasun onean zeudetela argi uzteko. Bestaldetik, espainiar agintariek beren hiritar guztiak zirela gauza lanbiderako defendatzen zuten. Ardijabe batzu ez zeuden prest, baina, euskaldunak ez ziren espainiar artzainak hartzeko eta beren errefus-eskubidea erabiltzen zuten.

1.956.eko 893 gizon sartuak ziren Estatu Batuetan programa honen bidez. Hamarkada bat beranduago 1.283 artzain ziren *Western Range Association* delakoaren hitzarmenen pean zeudenak (*California Range Association*-etik sorturiko elkarte nazionala). Garai honetako ia ardi-entrepresa guztiak elkarte honen kideak ziren, eta langileak erdiesteko beraren menpeko. Elkartearen ofizialeak era erregularrez Estatu Batuen inmigrazio-bulegoaren ordezkariekin biltzen ziren, lan-ministergokoekin eta espainiar gobernuaren mandatariekin zertzelada guztiez hitz egiteko. Egiuneek alo-

back in their homeland.

In sum, the final phase of Basque sheepherding in the American West encompassed a period lasting from the 1930s to the early 1970s. Its central character was the wage-earning herder. His circumstances differed from those of his predecessor in that it was all but impossible for him to establish his own sheep band. His presence in the American West was due more to bad conditions in Europe than to favorable ones in the United States. The disruptions of the Spanish Civil War (1936–1939), the privations of World War II (Spain remained neutral but was prostrate in the aftermath of its own recent conflict), and the economic consequences of the international ostracism of Franco's government during the immediate postwar period all conspired to make the herders' wages attractive.

If the salary was modest by American standards it still represented several times the going rate in Spain. Furthermore, isolated from the temptations of town life by both the nature of the occupa-

---

kairuak eta lanbaldintzak mugatzen zituzten eta artzainen egotaldien luzeerak markatzen. Beste lanbide batzuetan aritzearren, lehenengoan bilduriko zenbait langileen artzantza uztearekin ardijabeen eta orobat Estatu Batuen lanofizialeen nahigabeez, artzain bakoitzari hiru urtetarako bisa denborala ematea erabaki zen, artzantza utziz gero baliogabetua izan zitekeena. Hitzarmen honen bukaeran Estatu Batuak utzi behar zituen, beraz egotaldi iraunkorraren bost urtetako egotaldi jarraituaren bete beharreko baldintza ezinezkoa eginez, eta halaber lanpostua hautatzeko askatasuna deseginez. Halaz ere, gero beste hitzarmen bat izenpe zezakeen eta beste artzantza-lanaldi batetarako atzera itzul. Artzain batzuk hiru edo lau egotaldi egin zituzten, bitartekoetan herrian hilabete edo urte batzu eginda.

Laburtuz, beraz, Iparrameriketako Sartaldearen euskal artzantzaren erdiko garaiak 1.930tik eta 1.970.etako lehen urtetararte iraun zuen. Ezaugarririk oinarrizkoena alokatutako artzaina

tion and his language handicap, and provisioned by his employer, the herder could save as much as $5,000 during the three-year contract. This was sufficient capital to buy a small farm or business upon his return to the Basque Country. Ironically, then, involvement in one of the most menial and lowest-paid occupations in the American economy was, for the Basque herder, a means of socioeconomic mobility.

The arrangement rested, however, upon pronounced disequilibrium between the American and Spanish economies. As such it was tenuous at best and destined to be short-lived. The anti-Franco measures retarded but did not halt Spain's economic recovery. By 1970 industrial wages in the country were about on a par with herders' scales in the United States. Furthermore, the Basque Country was one of the most highly industrialized regions of Iberia with one of its highest per capita incomes.

Consequently, by the late 1960s it became increasingly diffi-

---

zen. Beronen baldintzak eta aurreko garaiko artzainenak guztiz desberdinak ziren, hauek ezin baitzezaketen beren artalde propioa sor. Horrela, bada, Iparrameriketako Mendebaldean egin egotaldiak Europako baldintza txarrei esker gertatzen ziren gehiago, Estatu Batuetako baldintza onei esker baino. Espainiako gerrate zibilak (1.936–39), II Mundugerraren gabetasunek (Espainiak neutral iraun zuen, baina guztiz jota zegoen burruka bukatu berriaren poderioz), eta gerraren ondoko garaietan Franco-ren gobernuari egindako nazioarteko isolamenduaren ondorio ekonomikoek, denek lagundu zuten artzainaren alokairua erakargarriago egitearren.

Alokairuak txikiak izan arren ameriketar bizimailaren ikuspegitik, oraino ere Espainiako alokairuen parean handiak ziren. Are gehiago, kalebizikeratik hurrundua, lanbidearen ezaugarriengatik bezala, hala hizkuntzaren mugarengatik, eta gainera lanemaileak berak hornitua, artzain batek 5.000 dolarretaraino aurrera zitza-

cult to secure Basque herders for the American West. Initially the Western Range Association broadened its efforts to other areas of Spain—swelling the numbers of Asturians, Leonese, Castillians, and Andalusians in the herder ranks. However, it quickly became apparent that Iberia was no longer a dependable source of supply, so the association diverted its attention to Latin America—notably Mexico and Peru.

In part due to the labor shortage, but beset by a number of other problems as well, the open-range sheep industry of the American West declined markedly during the decade of the 1970s. Poor wool and lamb prices, a growing problem with predators (federal poisoning programs were outlawed), and incessant fighting with environmentalists and government agencies (who challenged stockmen's access to the public lands) all resulted in abolishment of many sheep outfits and reduction of sheep numbers in others.

Consequently, during the decade of the 1970s there was a

---

keen hitzarmenaren hiru urteren buruan. Kopuru hau nahikoa zen, Euskal Herrira itzultzean, baserri edo negozio txiki bat erosteko. Ironikoki, beraz, ameriketar ekonomiaren gutien ordainduen eta eskala beherakoenetariko postu batetan lan egitea mugikortasun sozioekonomikoaren iturri bihurtu zen euskal artzainentzat.

Egiunea, baina, ameriketar eta espainiar ekonomien desoreka zorrotzetan oinarritzen zen. Horregatik, makala zen eta kasurik onenean denbora laburrerako. Franco-ren kontrako neurriek atzeratu zuten baina ez gelditu Espainiaren zuzperraldi ekonomikoa. 1.970.ean industrialokairuek Estatu Batuen artzainenak bezalakoak ziren. Are gehiago, Euskal Herria penintsula iberiarraren herrialde industriatuenetariko bat zen *per capita* sarrera handienetariko batekin.

Horregatik, 1.960.aren hamarkadaren amaieran gero eta zailago bihurtu zen euskal artzainen erakarpena Iparrameriketako Sartalderantz. Hasieran, *Western Range Association* delakoak bere

decline in the number of herders in the American West and also in the percentage of Basques within their ranks. In 1970 there were approximately 1,500 men under contract to the Western Range Association, about 90 percent of whom were Basques. By the end of 1976 there were only 742 herders left, and only 106, or 14 percent, were Basque. There are no indications that the situation will be reversed in the foreseeable future. Indeed, all signs point to the ultimate demise of the open-range sheep industry. Clearly, the era of the Basque sheepherder in the American West is over.

In retrospect, then, for more than a century the Basque has been the stereotypic sheepherder of the American West. In the guise of loyal employee he was the unsung hero of the region's sheep industry; and as small-scale itinerant operator, it's bane. To be sure, there were certain areas where his presence was felt lightly if at all. In most of Utah herding was a family affair and Mormon elders called upon their sons to tend the flocks. The Navaho Indians

---

ahaleginak Espainiara zabaldu zituen—artzainen saldoak asturiar, leondar, gaztelau eta andaluziarrekin betetzen zutelarik. Haatik, bertan behera gertatu zen ageriko Iberia ez zela jadanik lanindarraren iturri fidagarria. Horrela, bada, elkarteak ahaleginak Ameriketan jarri zituen—Mexikon eta Perun bereziki.

Langileen gabeziagatik, baina beste arazoengatik ere, ardiindustria oso makaldu zen 1.970.aren hamarkadan. Artile eta bildots-prezio txarrak, gero eta handiago bihurtuz zoan piztiekiko problema (pozoaduraprograma federalak ezlegaldu ziren), girozaleekiko etengabeko burrukak eta orobat gobernu-agentziekiko liskarrak (alapide publikoetan sarrera-eskubideak zalantzatan jartzen zituztenak), denek, hainbeste artalderen desagerketa erakarri zuten batzutan, eta bestetan ardi-kopuruaren urrimena.

Horrela, bada, 1.970.eko hamarkadan bai artzainen kopurua eta bai artzainetan zegoen euskaldunena urritu ziren. 1.970.ean bazeuden 1.500 gizon inguru *Western Range Association*-en hitzar-

developed their own sheep-based economy on vast reservation lands. In most of New Mexico the herders were Hispanics, pursuing a life-style established several centuries ago. Then there were little pockets like Lakeview County, Oregon, where the open-range sheep industry was Irish-dominated. However, viewed broadly from a regional perspective, to say "sheepherder" was to mean "Basque." Surely no other ethnic group remained as closely identified with a single activity.

When Basques entered the American West in the mid-nineteenth century, sheepherding was the region's most denigrated occupation. In the words of one wag,

> You could not fire a shotgun into the average crowd in the range country without hitting a man who at some time herded sheep, but it would probably take the charge in the other barrel to make him admit it. About the only person who isn't ashamed to

---

menen pean, eta %90 euskaldunak ziren. 1.976.eko amaieran 742 artzain zegoen bakarrik, eta haietarik 106, hots, %14 ziren euskaldun. Ez dago egoera hau etorkizun hurbilean aldatuko delako markarik. Izan ere, seinale guztiek alapide zabaletako ardi-industriaren desagerketa aldarrikatzen dute. Argi dago, euskal artzainaren garaia Iparrameriketako Sartaldean joan egin da.

Atzera begira, beraz, gizaldibete baino luzcagoko, euskalduna Iparrameriketako Mendebaldeko artzain ereduzkoa izan da. Langile leialaren gisaz, bera zen herrialdeko ardi-industriaren kantatzen ez zen gizaurena; eta maila txikiko langile ibiltari bezala, berriz, herrialdeko hondamendia. Hain segur, bazeuden eskualdeak haren presentzia oso guti igarri egin zutenak, edo bat ere ez. Utah gehienean artzantza senitarteko arazoa zen eta mormoi zaharrek beren semeak deitzen zituzten artaldeak zaintzeko. Navaho indiarrek ere bere ardi-ekonomia propioa aurreratu zuten erreserbetako zelai amaigabeetan. New Mexico-ren zatirik handie-

admit having herded sheep is a sheepman, and he refers to it merely to show how far he has come.

Persons of all stripe herded sheep at one time or another. In the nineteenth century there were Chinese herders, for herding was one of the few occupations afforded willingly to them. Indians and Mexicans herded sheep as both a way station in their assimilation and as a symbol of their inferior status. Anglos served as guardians of the bands as a last resort. The sheep camp became a refuge for the failed individual, a place of repose for the alcoholic, a hideout for the desperado, a self-imposed purgatory for the masochist, an escape for the introvert. For many it was the final thin line of defense against assuming the hobo's lot. An occasional Greek, Italian, or Portuguese immigrant followed the woolies to gain a first foothold in a new land before moving on to a more sedentary life. Only the Basques came to regard herding as a vehicle for advancement.

---

nean artzainak "hispanic" (hispanikoak) ziren, zenbait mende lehenago sorturiko bizikerari eusten ziotela. Gero, bazeuden toki txiki batzu, Lakeview konderria bezala Oregon-en, artzantza irlandarrek gobernatua zeudenekoa. Halaz ere, ikuspegi erregionalez begiratuz, "artzain" esateak "euskalduna" esan gura zuen. Hain zuzen, inongo talde etnikok ez zuen iraun hain era estuaz lanbide batekin lotua.

Euskaldunak Sartaldean sartu zirenean XIX.mendean, artzantza lanbiderik gutietsiena zen. Adar jole baten berbetan:

> Eskupeta bat ezin desarra zenezake alapide-eskualdetako banaz besteko jendeketan noizedonoiz artzantzan ibilitako gizon bat ikutu gabe, baina beste kanoiaren tiroa beharko zenuke horrelako zerbait berari onarterazteko. Artzantzan ibilia delako lotsatzen ez den bakarritarikoa ardijabea da, eta berak onartuko du hori zein urrun heldu den erakusteko.

The inevitable question is: Why Basques? The facile answer revolves around a presumed Old World familiarity with sheep husbandry. Unfortunately, while apparently logical, such an explanation is not entirely accurate. Sheep husbandry in the Pyrenean homeland has declined sharply over the past century. More tellingly, few of the experienced Old World herders elected to emigrate. Thus, the majority of Basques entering the American West lacked personal sheepherding experience.

Of greater importance was the Basque penchant for hard work, dedication to task, and entrepreneurial activity. Within Old World Basque society physical labor is more highly esteemed than intellectual activity. Persistence in his chosen occupation determines a man's personal worth, which is, in turn, both manifested and ratified by his economic progress.

Given the foregoing history it is easy to lionize the Basque sheepherder. Today the popular press depicts him as possessed of

---

Mota guztietako pertsonek zaindu zituzten ardiak noizpait. XIX.gizaldian bazeuden txinar artzainak, beraiei borondate onez emandako lanbide bakarretarikoa zenez gero. Indiarrek eta mexikarrek ardiak zaintzen zituzten, asimilapenaren bide bat bezala eta orobat beren beheragoko mailaren marka. Besterik ezean *Anglo*ak artaldeen zaindari bihurtzen ziren bakarrik. Artzankanpamendua lur jotako gizabanakoen abaro bihurtu zen, alkoholikoaren atsedentoki, desesperatuen ezkutaleku, masokistek autoderrigortutako purgatorioa, barnerakoiarentzako itzurpidea. Askorentzat arloteen saldoan sartu baino lehenagoko azken defentsahesi txikia zen. Lantzean behin greziar batek, italiar edo portuges etorkin batek dohakabeak jarraituko zituzkeen herri berrian lehen urratsa egiteko, bizikera egonkorragoetara igaro baino lehen. Euskaldunek bakarrik ikusi zuten artzantza aurrera joateko bide bezala.

Nahitaezko itauna da, zergatik euskaldunak? Erantzun erraza Mundu Zaharraren ardi-hazkuntzarekiko trebantzia izan ohi da.

an almost mystical capacity for the solitude and privations of life on the open range. This is to deprive him of his right to human frailty. The reality is that many Basque herders failed and abandoned the sheep camps. Those who persisted succeeded at great psychological cost. Many herders recount crying themselves to sleep at night in the unrelenting solitude of desert and mountain. Then, too, there was the ever-present danger of a man adjusting only too well to his circumstances. Basques have a unique vocabulary for referring to an individual who has become "sagebrushed" or "sheeped" to the point that he shuns human contact. The "crazy Basco" as well as the occasional suicide were characteristic of the sheep districts. Other herders died at their posts unattended in an illness, untreated for snake bite, or frozen in a blizzard. As early as 1908 Boise Basques formed a mutual aid society to provide mentally or physically broken individuals with money for their passage home.

Furthermore, to emphasize the successful herder who parlayed

Zorigaitzez, nahiz eta azalez logikoa, azalpen hori ez da guztiz zehatza. Ardi-kazkuntza Pirinietako herrian oso gutitu zen joan den mendean. Are esangurakorrago, Mundu Zaharreko artzainetan gutik aukeratu zuen emigrazioa. Horrela, bada, Iparrameriketako Mendebaldera heltzen ziren euskaldunen artean gehienak ez zeukaten artzantzaren esperientziarik.

Garrantzi handiagoko zera zen, lan gogorretarako euskaldunaren joera, betebeharrerako ardura eta entrepresalaritzarako jitea. Mundu Zaharreko euskal gizartean lan fisikoa gehiago goraipatzen da lan intelektuala baino. Aukeraturiko lanbidean irauteak gizonaren balio pertsonala mugatzen du, izan ere, aurreramendu ekonomikoaren bidez erakutsia eta berretsia izaten dena.

Aurreko historia ikusita oso erraza da euskal artzaina goraipatzea. Gaur egungo prentsa herritarrak, alapide amaigabeetako bizikeraren bakartade eta gabetasunei eusteko, ahalmen ia mistikoarekin jabetua marrazten du. Hau, baina, euskal artzainari be-

his sacrifices into something better is to ignore the many for whom the occupation proved a dead end. Whether a loyal employee who spent his entire youth in the service of one outfit or a malcontent who jumped from employer to employer, the herder who never abandoned the sheep camps renounced the comforts of family life and practically guaranteed himself a lonely old age. For such men infrequent visits to town became the sole release—an occasion to dissipate a year's wages on liquor, gambling, and prostitutes. Clearly, the triumphs of some mask the personal tragedies of many.

The saga of the *artzainak* or Basque sheepherders, then, is the story of one of the prime architects of the settlement pattern and economy of the American West. Yet to this day surprisingly little is known about these pioneers. While Basques were present throughout the open-range sheep-raising districts of all eleven western states, the nature of their activities precluded intensive settlement. Nowhere did they come to constitute a majority (or even a signifi-

---

raren gizahultasuna kentzea da. Egia dena zera da, euskal artzain askok huts egin zuela eta bere artzankanpamendua utzi zuela. Zirautenek gastu psikologiko handiaz lortzen zuten arrakasta. Anitz artzain nigarrez hartzen zuela loak gogoratzen da, ilunez desertuaren eta mendiaren urrikibageko bakartadean. Gainera bazegoen ere inguruneari ongiegi ekantzeko arrisku etengabea. Gizon bat "basatia" eta "ardigaldu" bihur zitekeen eta gizaharreman guztiei itzuri egin. "Euskaldun zoroa" eta lantzean behingo buruhiltzailea berarizkoak ziren ardieskualdeetan. Beste artzain batzu, beren tokietan hiltzen ziren, ondo ez zaindutako gaixotasun batengatik, edo bisuts batetan hoztua. 1.908an jadanik Boise-ko euskaldunek elkarren laguntzarako elkarte bat sortu zuten, mentalki edo fisikoki desegindako gizabanakoei etxerakoan uzgaizteko.

Are gehiago, arrakastadun artzainaz berba egitea bakarrik, damu eta sakrifizio guztiak zeredozer hobe bihurtu zituenaz min-

cant minority) of the total population. Thus, even in areas of considerable Basque settlement, many of their Anglo neighbors were but dimly aware of their presence.

Furthermore, life in the sheep camps evolved at the margins of public awareness. Pursuing a denigrated occupation in the solitude of little-inhabited districts, until recently the Basque sheepmen rarely captured the journalist's attention—and then only in a cursory and negative fashion. Similarly, the Basques themselves were slow to chronicle their activities or create their own literary spokesmen. Drawn from peasant villages the herders were often semiliterate at best. Few recognized in their struggles in the American West a story worth the telling. It was not until 1957, when the Basque-American Robert Laxalt published his father's biography *(Sweet Promised Land)* that there was a comprehensive account of the sheepman's existence.

To this general myopia may be added confusion over the ques-

---

tzatzea, beraren lanbidean ezer erdietsi ez zuena ahanztea da. Gaztaro osoa entrepresa baten zerbitzuan sarturiko langile leiala izan, zein ugazabagandik ugazabagana jauzika ibilitakoa izan, artzakanpamenduak uzten ez zituen artzainak, eta senitartekoaren bizikeraren plazerei uko egiten zienak, zahartzaro bakartia segurtatzen zion bere buruari. Halakoentzat, noizean behin kalera jaistea zen irtenbide bakarra; urte osoko alokairua pattarraz xahutzeko abagadunea, jokatzeko eta emagalduetan ibiltzeko. Argi dago, gutiren arrakastak askoren tragediak estaltzen ditu.

Euskal Artzainen saga beraz, Iparrameriketako Mendebaldearen koloniakuntza-eredu eta ekonomiaren eraikitzaile garrantzitsuenetako baten kondaera da. Horregatio, gaur egun oso guti ezagutzen da aitzindari hauez. Euskaldunak sartaldeko hamaika Estatuetako alapide ireki eta artzaneskualdetan egon arren, haien ekintzaren ezaugarriek berek koloniakuntza intentsiboa ezinezkoa egiten zuten. Ez ziren inongo tokitan populazioaren gehiengoa

tion of what a Basque is. Basques have long been regarded as
Europe's mystery people, speaking a language unrelated to any
other and maintaining a strong sense of their distinctiveness. Im-
bued with ethnic pride, most of the herders refused to be regarded
as "Frenchmen" or "Spaniards," and the uninitiated American
accustomed to thinking in terms of nationalities was hard-pressed
to locate a "Basque Country" on his mental map of European
geography.

Finally, the Basques themselves maintained a low ethnic pro-
file. As conflict over range rights made them objects of hatred and
discrimination, Basques were prone to downplay their ethnic
uniqueness. It is only in recent years, after the Taylor Grazing Act
effectively abolished the itinerant sheepmen as a source of con-
troversy, that they have engaged in public display of their heritage.
The spectacular Basque festivals, held today in many communities
throughout the American West, are part of a growing general

---

bihurtu (ezta ere gutiengo esangurakorra). Horrela, bada, euskal-
dun asko zegoen eskualdetan ere, auzoko *angloak* oso era ilunez
ziren beraien presentziaz jakitun.

Are gehiago, artzankanpamenduetako bizikera kontzientzia
publikotik aparte bilakatu zen. Lanbide gutietsi bati eutsiz oso
populazio txikiko eskualdetan, oraintsurarte euskal artzainak
bakanka hartua zuen kazetarien kasua. Era berean, euskaldunak
oso geldo izan ziren beren iharduerak kondatzeko edo eta beren
literaturgizonak sortzeko. Baserrietatik ekarriak, artzainak maiz
erdi analfabetuak ziren kasurik onenean. Oso guti izan zen gauza
Iparrameriketako Sartaldean aurreratutako guduetan konda zite-
keen istoriorik ikusteko. Ez zen 1.957arte izan, Robert Laxalt-ek,
iparrameriketar euskaldunak, bere aitaren biografia argitaratu
zuen arte (*Sweet Promised Land:* Aginduriko herri gozoa), artzain-
aren bizikeraren kondaketa bat egon zenik.

Miopia orokor honi zera gaineratu behar zaio, euskaldun

tendency in America to celebrate one's "roots." The festivals afford a forum for an emerging consciousness and sense of pride that is providing Basques with a strong identity in America today while preserving much of their cultural heritage.

---

izateaz dagoen ezulerpen eta nahasketak. Euskaldunak, luzaro, Europako herri misteriotsua bezala begiratu dira, inongo hizkuntzarekin loturik ez dagoen mintzaira bat erabiliz eta desberdin izatearen kontzientzia zorrotzaz jabetuak. Harrotasun etnikoaz jantzita, artzain gehienek ez zuten ez "frantses" ezta "espainiar" deituak izan gura, baina ameriketar ezikasiak, hiritartasunez (nazionalitate estatalez) pentsatzen ohiturik, estu eta larri zeuden Euskal Herri bat Europaz zeukan mapa mentalean sartzeko.

Azkenez, euskaldunek berek ez zuten beren etnikotasuna larregi erakutsi nahi. Alapide-zuzenei buruzko gatazkek berek gorroto eta bereizkeriaren gai egiten zituztenez, euskaldunek bazeukaten joera beren etnikotasun berezia sobera ez erakusteko. Azkeneko urteotan bakarrik da, "Taylor alakuntza-legeak" era argiaz artzain ibiltaria desagerrerazi zuenean eztabaida-iturri bezala, euskaldunek beren ondoretasun etnikoa publikoki erakusten hasi zirela. Euskal besta ikusgarriak, Iparrameriketako Sartaldeko herri askotan gertatzen direnak gaur egun, uzta berria dira. Izan ere, Iparrameriketan hazten ari den joera orokorraren parte dira, nork bere *erroak* goraipatzekoa.

HERDING AND TRAILING

ZAINTZEN ETA IBILTZEN

Herder and belled ewe lead sheep down the main street of an Idaho town.

El pastor y la oveja, con su cencerro, guían al rebaño por la calle principal de un pueblo de Idaho.

Artzainak eta zintzarridun ardiak, Idahoko kalenagusitik daramate artaldea.

Le berger et les brebis qui portent une cloche à leur cou conduisent les moutons à travers la rue principale d'une ville de l'Idaho.

Thanks to Hollywood films and dime novels much is known about cattle ranching in the American West. Surely there is no more romanticized figure in the mythology of the region than the cowboy. Conversely, the sheep rancher and sheepherder are shadowy personages, seldom depicted at all and then usually in negative fashion. Who has not heard of the cattlemen versus sheepmen range wars?

Literary considerations notwithstanding, the historical reality regarding settlement of the American West was considerably more complicated. To be sure there were a few major confrontations, such as the "Johnson County War" in Wyoming, but it is in their constant retelling that the impression of a general antipathy emerges. The truth is that in most areas settled cattlemen and sheepmen (as opposed to the tramp operators) managed a mutual accommodation. Depending upon changing market forces some

Hollywood eta bost txakur txikitako elaberriei eskerrak, Iparrameriketako Mendebaldeko abeltzainez asko ezagutzen da. Hain segur, ez dago betzaina baino erromantizatuago dagoen beste figurarik herrialdeko mitologian. Aldiz, ardi-arrantxaria eta artzaina oso irudi ilunekoak dira, gutitan deskribatuak eta orduan ere oso modu ezezkorraz. Nork ez du entzun abeltzainen guduez artzainen kontra?

Edozein literaturerizpide gora behera, Iparrameriketako Mendebaldearen koloniakuntza askozaz nahasiagoa izan zen. Izan ere, baziren gero gatazka batzu egon, Wyoming-eko Johnson konderriaren gerra bezala, baina gerra horien etengabeko kondatzetik sortzen da gehien bat elkarrenganako tirriaren begitazinoa. Egia dena zera da, eskualderik gehienetan, finkaturiko abeltzain eta artzainak (artzain ibiltarien kontra) elkarrekiko erosotasunean bizi zirela. Merkatu-indarren aldaketei jarraikiz, entrepresa batzuk

Lonely vigil on the summer range.

Bakardadezko begirada udako larrei.

Vigilia solitaria en los pastos de verano.

Vigile solitaire dans les prairies en été.

outfits ran both cattle and sheep, or periodically converted from one to the other.

If the distinction between kinds of ranching was somewhat blurred, cattle and sheep husbandry represented quite different ways of exploiting the available rangeland. In large measure the differences derived from the very nature of the animals. There is only a minimal herding instinct in cattle and, consequently, they must be controlled rather than cajoled. If they are not constrained in their movements by miles of barbed-wire fencing they are likely to scatter too widely. If cows are to be driven from one place to another, several mounted riders are required to bunch and then hold the herd together.

Sheepherding is a more subtle art which rests upon a delicate understanding between man, dogs, and the sheep band. Given the flocking tendencies of sheep, a single skilled herder and dog may control as many as two thousand animals without the assistance of

---

abelgorri eta ardiak zeuzkaten, edo noizean behin batetik bestera pasatzen ziren.

Arrantxu-molde bien arteko diferentzia ia ezabatu bazen ere, abeltzantzak eta artzantzak esku zeuden alepideen erabilkera oso desberdinak zeuzkaten. Desberdintasunak animalien ezauga-rrietatik sortzen ziren gehien bat. Abelgorritan taldeak osatzeko oso sen txikia dago, eta beraz hesiz inguratu baino kontrolatu behar dira gehiago. Haien higiduretan miliaka burdinari-hesiez muga-tzen ez badira, gehiegi zabal daitezke. Toki batetik bestera behiak eraman behar baldin badira, zenbait zaldun behar da, taldean jar-tzeko lehendabizikoz eta taldea gorde eta kontrolatzeko gero.

Higikortasuna da artzantza ibiltariaren muina deskribatzen duen hitza. Bi mila burutako artaldeak etengabe higitu behar du inguruko bazka guztia ahituko ez badu. Horregatik, nahiz ardiak lotokitik milia bat edo bitara alapideraino egunero eramanez, nahiz artalde bat dozenaka (edo ehunka) miliatara gidatuz, uda eta

Heading for the high country.   Goi lurralderuntz abiatzen.

En marcha hacia las montañas.   En route vers les hauteurs.

fence lines. At the same time sheep are much more fragile than cattle. Their vulnerability to predation by coyotes and cougars makes them highly reliant upon human protection.

"Mobility" is the watchword that describes the very essence of open-range sheep husbandry. The two-thousand-head band must be moved constantly if it is not to exhaust its own immediate supply of feed. Therefore, whether taking his charges a mile or two from bedding ground to the day's grazing area, or trekking the band for dozens (or even hundreds) of miles between the outfit's summer and winter ranges, the herder is "on the trail" almost daily. In this respect the Basque sheepherder has more in common with the nomadic desert Bedouin than with the American cowboy.

As with any occupation there are men with a particular knack for the trade and others who fail to grasp its fine points. Experienced herders claim that each sheep band has its own characteristics which must be appreciated in order to provide effective guid-

---

negu-alapiderainoko tarteak, artzaina bidean zegoen ia egunero. Zentzu honetan, euskal artzainak gehiago zeukan amankomunean desertuko beduinekin, iparrameriketar unainarekin baino.

Edozein lanbidetan legez, badaude gizon batzu lanerako moldea eta tentua dituztenak eta beste batzu pundu zorrotzei igartzeko gauza ez direnak. Artzain esperientziadunek diotenez, artalde batbederak bere ezaugarri propioak dauzka, gidantza on bat egiteko estimatu behar direnak. Artzain trebeak artaldearen erritmo naturalari igartzen ikasten du, bere borondatea artaldearen higiduren arauera leunkiro ezarriz. Gidantza onak zera esan nahi du, animaliak ez hainbeste metatu oinpetako bazka zangokatzeko; artzanoraren erabilkuntza gehiegizkoak artaldea urduri jartzen du eta kontrolgaitza egiten. Artzanzakurreztatutako ardia erraz itzurtzen da bazkatokitik eta bildotsen pisua eragiten. Gizon baten harrotasuna behar den tokian dago udazkenean bildotsak merkatuan saltzen direnean. Bidalketaren balantzek gehiago zenbatzen du, urtebete-

Herder and horse patrol a foraging sheep band.

El pastor y su caballo vigilan las ovejas mientras pastan.

Artzaina eta bere zaldia larretako artaldea zaintzen.

Berger et chevaux surveillent un troupeau de moutons en quête de pâture.

ance. The good herder learns to anticipate the natural rhythm of the band, working his will gently upon its movements. Proper management means that the animals are never bunched so tightly as to trample the feed underfoot. Excessive use of dogs makes a band nervous and hard to control. "Dogged" sheep are likely to go "off their feed," affecting the weight gain of the lambs. A man's pride is on the line when his lambs are sent to market in the autumn. The shipping scales tally more than an outfit's yearly profit: they also measure the skill of each herder. Reputations hang in the balance as each man competes to produce the heaviest lambs.

---

ko irabazpenak baino: artzainaren trebetasuna ere neurtzen dute. Ospea balantzaren pean dago, bakoitza bildots pisudunenak ekoizteko saiatzen denez gero.

Watering a band on the desert winter range.

Un rebaño abrevando en los pastos desérticos de invierno.

Neguko larralde lehorretan artaldea edanarazten.

Donner à boire à un troupeau en hiver dans les prairies désertiques.

Moving sheep through brushy terrain requires close cooperation between man, horse, and dog.

Llevar el rebaño por terreno cubierto de arbustos exige una estrecha colaboración entre el hombre, el caballo y el perro.

Gizon, zaldi eta txakurraren arteko elkarlaguntza behar-beharrezkoa da artaldea sastraka artean gidatzeko.

Le déplacement des moutons à travers les taillis exige de l'homme, des chevaux et des chiens une parfaite collaboration.

The long trek from summer to winter range.

La caminata desde los pastos de verano a los de invierno es larga.

Udako larretatik negukoetarako ibilaldi luzea.

Le long cheminement des troupeaux des hauteurs en été vers les prairies en hiver.

Mutual respect.   Elkarrenganako begirune.   Respeto mutuo.   Respect mutuel.

Warming up on the winter range.

Calentándose en los pastos de invierno.

Neguko larretan berotzen.

Se chauffer dans les hautes montagnes en hiver.

Handling a sheep band in the dusty flats of Southern California.

Guiando el rebaño por las polvorientas llanuras del sur de California.

Hego-Californiako lautada haustsuetan zehar artaldea gidatzen.

Le cheminement d'un troupeau de moutons à travers les plaines poussiéreuses du sud de la Californie.

Trailing sheep across an Idaho river.   Artaldea Idahoko ibai bat gurutzatzen.

Atravesando un río de Idaho.   Le passage des moutons à travers une rivière de
                                             l'Idaho.

CAMP LIFE

KANPAMENDUBIZIKERA

Baking bread inside a sheep wagon.

Haciendo pan dentro del carro.

Artzai-gurdian ogia egiten.

La cuisson du pain dans une roulotte de berger.

The casual visitor to a sheep camp feels that he has stepped back in time and entered the untamed era of the American West—a world inhabited by solitary men in worn Levi's and scuffed boots leading a truly Spartan existence. Whether in the summer camp set amidst spectacular mountain scenery or the winter bivouac on the expanse of seemingly endless desert, the herder's home is but the frailest challenge to the supremacy of the wilderness.

The cowboy, that other human denizen of the open range, usually returns each day to the safety of the bunkhouse or line cabin to enjoy the security of permanent shelter. The herder's protection, however, is the canvas cocoon of his bedroll stretched out beneath the canopy of a tent or sheep wagon.

"Portability" is the watchword, for everything must be moved regularly so that the guardian of the band is never far from his charges. Consequently, the camp outfit is restricted to bare necessi-

---

Artzankanpamendu baten bapateko bisitariak urrats bat atzera egin duela senditzen du, Iparrameriketako Sartaldearen garai otzakaitz batetan sartu dela—higatutako prakez eta harraskatu botez jantziriko gizon bakartia, benetako bizikera espartarra erabiliz. Udaldiko kanpamenduan izan, mendikuspegi ikusgarrien erdian, zein neguko behin behineko kanpamenduan izan, amaierarik gabeko desertu baten hedaduran, artzainaren etxea ez da basabizitzearen nagusitasunari botatako hordagorik hauskorrena baino.

Betzaina, alapide irekietako beste bizilaguna, egunero egurrezko txabola komunalaren segurtasunera itzultzen da, abaro iraunkor baten zertasunean jabaltzeko. Artzainaren geriza, berriz, ez da beraren ohazal eta burusiak baizik, denda baten edo ardigurdi baten gangaren pean zabalduak.

Eramankortasuna da giltza, gauza guztiak higitu behar dira erregularki, zaina ez dadin inoiz artaldetik lar hurrun. Horregatik,

Solitude in the summer sheep camp.   Udako artzai-kanpamenduko bakardadea.

Soledad en el campamento de verano.   La solitude dans un camp de berger en été.

ties—a few provisions and cooking utensils, a change of clothing, rifle, saddle, and tack.

Yet the impression that camplife for the Basque sheepherder has changed but little over the past century is misleading. Formerly, a herder might go for weeks without seeing another human being, moving his camp about on the back of a burro. Today's herder is more likely to be resupplied by a camptender every four or five days, who then uses a pickup truck to move the herder's gear to the next campsite. The mechanized lifeline makes it possible for the daily diet to include a variety of meats, canned food, and fresh vegetables washed down with soda pop or wine. This is a far cry from the days when the herder's fare consisted of bread, beans, dried fruit, mutton, and coffee. The herder's sense of isolation is also ameliorated by the transistor radio with which he may listen to Spanish and, in some parts of the American West, Basque-language broadcasts. Furthermore, improvements in the Basque school sys-

---

artzankanpamendua gutienezko beharrak betetzeko ez dago osatua—jaki apur batzu eta berauek gertatzekoak, jantzi-erantzi bat, fusila, zela eta zaldirakoak.

Haatik, joan den mendean euskal artzainarentzat kanpamendubizikera oso guti aldatu delako begitazinoa okergarria da. Lehenago, artzainak gauzak asto baten gainean eroanez, asteak sar zitzakeen beste gizakirik ikusi gabe. Gaur egun, ostera, artzaina kanpanmendulangile bat hornituko du seguru asko, kamioneta batez kanpamenduz kanpamendu joaten dena lau edo bost egunetatik egunetara. Bizitze mekanizatua dela bide, beraz, eguneroko dietan haragi desberdinak, latetako jakiak eta barazkiak sar daitezke, sodak edo ardoarekin ere lagun daitezkeenak. Hau guztiz hurrun dago aurreko garaietako artzainaren elikaduratik, ogiaz, babarrunez, fruitu idorrez, aharikiaz eta kafeaz osatua zegoena.

Artzainaren bakartasunaren zentzua ez da hain zorrotz irratia

Herder moving his summer camp gear.

El pastor transporta su equipaje de verano.

Artzaina udako kanpamenduko tresnak berraldatzen.

Le berger déplaçant son matériel de campement en été.

tem in Europe make today's herder more literate than his predecessor. He therefore sends and receives letters and is likely to have a few Basque- and Spanish-language newspapers, magazines, and popular novels, and even a book of poetry. Then, too, there is the occasional herder with a cassette recorder struggling daily with a taped English language lesson.

The changes, while not particularly dramatic to the outsider, cause veteran herders to regard the present crop with disdain, dismissing them as pampered neophytes who have never truly experienced the privations of sheepherding. In some little corner of herders' heaven the old-timers gather to cluck their disapproval, probably with no small measure of envy.

Still and all, despite his modern "conveniences" today's herder continues to lead his life perched on the outer edge of the physical and psychological frontier. While it is possible to catalogue the tangible dangers threatening the sheep band and its custodian—

---

dela zio, zeinaren bidez gaztelaniazko, eta Iparrameriketako toki batzutan, euskarazko irratsaioak entzun ahal baititzake. Are gehiago, euskal eskolen sistemaren hobetzeak Europan, gaurko artzaina ikasiagoa egiten du aurrekoa baino. Horregatik eskutitzak jaso eta idazten ditu, seguru asko euskarazko eta espainierazko kazeta, aldizkari eta herri-elaberriak badauzka, eta lantzean behin baita poemalibururen bat ere. Inoiz, badago artzainen bat kasete-magnetofono baten bidez ingelesezko ikaskai batekin burrukatzen dena egunero.

Aldaketok, kanpokoarentzat gogorregiak izan gabe ere, artzain zaharragoentzat belaunaldi berriak destainaz begiratzeko arrazoia ematen dute, mainaturiko ikasletzat jotzen dituztela eta erdeinuz erabiltzen, artzantzaren benetako gabetasunak inoiz ere ezagutu ez dituztelakoan. Artzainen zeruko ertz txiki batetan, beren gaitzespenaz kalakatzeko biltzen dira zaharrak, hain segur bekaitz-neurri ez horren txikiaz.

Preparing lamb meat in a summer camp.

Preparando la carne de cordero en el campamento de verano.

Ardi-haragia gertutzen udako kanpamenduan.

Le berger fait cuire sa tranche de mouton dans un camp en été.

dangers such as drought, blizzard, predation, snake bite, accident, and illness—the herder's major adversary is the less palpable burden of sheer boredom. Most men subjected to the herder's lot have denied themselves immediate gratification in favor of long-term personal goals. In a real sense they are "putting in time," and time weighs heavily upon a man's soul in the solitude of the open range. Herders sometimes speak of the necessity of slowing down their mental process in order to avoid becoming bitter or anxious as they contemplate the seemingly interminable procession of months or years remaining on a contract. Some carry calendars to mark off the days, much like the convict in his prison cell; others prefer to lose track of time, dividing their awareness into the miniworld of each day's duties and the larger scheme of the annual cycle of activity. Contemplating a summer in the high country becomes far more relevant (and tolerable) than fixating upon a particular date in August.

Alta, "komenientzia" berri guztiak eta guztiz ere, egungo artzaina oraino muga fisiko eta psikologikoaren kanpoko hegian kokatua jarraitzen da bizitzen. Artalde eta beraren zainaren arrisku ukigarrien katalogoa egiten ahal bada ere, idortea, bisutsa, piztiak, suge-haginkada, istripu eta eritasunak, artzainaren etsairik gogorrena hain ukigarri ez den gogaitasuna da. Artzantzan dabilen gizonik gehienek, geroagoko helburu pertsonalen itxaropenetan, beren buruei eskurago dauden sariak ukatzen dizkiete. Denbora egiten daude eta denborak oso pisatzen du gizonaren ariman alapide amaigabeen bakartadean. Artzainek lantzean behin beren prozesu mentalen geldierazteaz berba egiten dute, hasarre edo antsiatsu ez egoteko hitzarmenetako amaierarik gabeko hil eta urteen lerroak begiratzen dituztenean. Batzuk egutegiak darabiltzate, presondegiko bizilagunak bezala egunak markatzearren. Beste batzuk denboraren arrastoak galdu nahiago dituzte, kontzientzia eguneroko beharrizanen mundu txikian eta urte osoko

Receiving new camp supplies.

Kanpamenduko hornigaiak hartzen.

Recibiendo nuevas provisiones.

L'arrivée d'un nouvel approvisionnement.

Lacking the intimacy of regular human contact, the herder develops a special relationship with his animals that is scarcely comprehensible for the urbanite. Rather than shouting at horse, dog, or sheep band he is more likely to converse with them, sharing the plan and eliciting their cooperation. Efficient management of a sheep band demands total teamwork between man and animals, a balance that is not achieved easily. Some herders have been known to quit when informed by their employers that they were to transfer to another band. Similarly, it is unthinkable to take a herder's dog from him except at his own request.

The herder has other ploys at his disposal as he attempts to retain his sanity. Generations of Basque sheepherders have recorded their presence on the western ranges in enduring fashion. In the high summer country, camp is usually made along stream beds graced by groves of aspen trees. Over time these trees have become veritable living galleries of images and messages as succes-

---

ihardunetako eskema handian erdinabanatuz. Herri goietan uda begiratzea askozaz garrantzitsuagoa da (eta eramangarriagoa) Agorrilaren egun batez adi egotea baino.

Giza-harreman erregularren faltaz, artzainak kaletarrarentzat ulertezina den erlazioa sortzen du bere animaliekin. Zaldiari, zakurrari edo artaldeari agirika egin baino, mintzatu eginen zaie, eta planak haiekin elkarretan jarriaz, berarien laguntza idarokiko. Artalde baten kudeakuntza zuzenak animalien eta gizonaren arteko taldelana eskatzen du, hain errazki lortzen ez den oreka. Artzain batzu ezagunak dira, inoiz lana utzi baitute lanemaileak artaldez aldatuko dituelako berria eman zaienean. Era berean, asmatezina da artzainaren txakurra berarengandik hartzea berak hori ez badu propio eskatu.

Artzainak ere badauzka beste modu batzu bere esku osasunari eutsi ahal izateko. Euskal artzainen belaunaldiek, horrela, era iraunkorrez markatu dute beren presentzia sartaldeko alapideetan.

Reverie on loneliness.

Bakardadezko gogarte.

Meditación sobre la soledad.

Réflexion sur la solitude.

sive herders note their passing by serrating the bark of saplings with a knife. Expansion of the trunk as the tree grows brings out the artist's intention. Similarly, in the barren, windswept ridges it is not uncommon for the herder to build a pile of rocks. In Basque these are referred to as *harrimutilak,* or "stone boys."

In such fashion the Basque sheepherder humanizes an otherwise unrelentingly pristine natural environment. Thus, whether wandering through an aspen grove or contemplating a stone monument he enjoys a certain illusion of not being alone. Rather, despite his solitude a man can commune with the ghosts of past generations and enjoy some small sense of purpose as he leaves his own mark as a legacy for future herders.

Udako herri goietan, kanpamendua latsetako bazterretan egiten ohi da, pinudiez hornitutakoetan. Denboraren denboraz, zuhaitz hauek irudi eta mezuen erakustoki biziak bilakatu dira, elkarren segidan heldu artzainek, labaina batez, beren egotaldiak zuhaitz gazteen azaletan markatu dituztenean. Enborraren hazierak helburu artistikoa uzten du ageriko. Modu berean, mendi idor eta haizeak erauntsirikoetan, ez dira bakan artzainek eraikitako harpilak, euskaraz "harrimutilak" deritzenak.

Horretara euskal artzainak gizatiartu egiten du osterantzean guztiz aratz den ingurune naturala. Modu horretan, pinudi batetan zehar ibiliz edo harpil bat ikusiz ez du bere burua hain bakarti senditzen. Aitzitik, beraren bakartasuna eta guztiz ere, gizon bat iragan belaunaldietako izpirituekin lotu egin daiteke eta "zerbait egiten ari delakoaren zentzua" sendi, bere markak etorkizuneko artzainarentzat hilburuko bat bezala uzten dituelarik.

Moving camp on the winter range.

Traslado del campamento en los pastos de invierno.

Neguko kanpamenduaren aldaketa.

Le déplacement du campement sur les prairies en hiver.

Keeping track; herders and camptenders record their passing on a plaque nailed to a tree at a camp site.

Artzain eta landazainek beren igaroketa iraunazten dute kanpamenduko zuhaitz batetan ezaugarria iltzatuz.

Los pastores y camperos dejan constancia de su paso en una placa clavada en un árbol del campamento.

Comment signaler son passage: les bergers et les hommes chargés du ravitaillement marquent leur passage sur une plaque clouée à un arbre sur le terrain de campement.

Camp chores in the high country.

Goi lurraldeko etxelanak.

Quehaceres domésticos en las altas cimas.

Le campement et les corvées du berger dans les hautes montagnes.

Herder and cook conversing with owner at an Idaho rendezvous accessible by pickup truck.

Artzaina eta sukaldaria beren jabearekin hizketan Idahoko bideondoko biltoki batctan.

El pastor y el cocinero conversan con el dueño en un lugar de reunión accesible en camioneta.

Berger et cuisinier se retrouvent avec leur employeur pour discuter dans un repaire en Idaho, repaire accessible en camion.

Camptender introduces skeptical herder to his new sheep dog.

Landazainak txakur berria artzain sineskaitzari aurkezten dio.

El campero presenta el nuevo perro al pastor escéptico.

Le responsable des campements présente au berger, un peu sceptique, son nouveau chien berger.

Pausing to drink wine from a bota bag inside a sheep wagon.

Gurdian ardoa edateko egiten duen geldialdia.

Pausa para beber vino de la bota dentro del carro.

Minute de détente pour boire du vin à la gourde dans la roulotte.

Tree trunks provide the herder with a canvas for preserving his thoughts. The message on the left proclaims that "this life is sad and bitter" while that on the right is a Basque nationalist political slogan.

Los troncos de los arboles proporcionan al pastor un lienzo, en el cual perduran sus pensamientos. El mensaje de la izquierda proclama: "esta vida es triste y amarga", mientras que el de la derecha es un lema político vasco nacional.

Enborrek artzainari bere gogoetak gordetzeko hornitzen dioten ehuna. Ezker mezuak dio "bizitza hau iluna eta garratza da", eskumakoa ordea euskal abertzaletasunaren goiburu politiko bat da.

Les troncs d'arbre servent de gravure au berger désireux de garder son esprit en équilibre. Le message de gauche témoigne de cette vie pénible et vide que mène le berger tandis que le message de droite est un slogan nationaliste basque.

One herder leaves a record each year when he passes a certain tree grove, while another carves his complaint in broken English into the handle of a scrub brush.

Al pasar cada año por una determinada arboleda, un pastor deja una inscripción, mientras que otro graba su queja en mal inglés en el mango de un cepillo de limpieza.

Artzain batek urteroko igaroaldian zuhaizti ezagun batetan idazpurua uzten du, beste batek ordea bere arrengura ingelezkeriaz eskuila baten girtenean irudikatzen du.

Les uns laissent un message chaque année lorsqu'ils s'arrêtent à un certain bosquet, les autres cependant inscrivent leurs plaintes en mauvais anglais dans le manche d'une brosse à frotter.

Preparing to leave camp on the lambing grounds.

Preparándose para abandonar el campamento en el lugar del parto.

Artzai-kanpamendua uzteko gertutzen.

Prêt à quitter les terres où l'agnelage a eu lieu et à y laisser son campement.

Butchering a lamb for camp meat.

Ardi-hilketa kanpamenduan jateko.

Matando un cordero para comer.

Le berger abat un agneau pour sa propre consommation.

Shoeing a horse on the winter range.

Neguko larretan zaldi bati ferrak ipintzen.

Poniendo herraduras a un caballo en los pastos de invierno.

Le ferrage d'un cheval sur les plaines en hiver.

Breakfast before dawn.

Egunsenti aurreko gosaria.

Desayuno antes del amanecer.

Le petit déjeuner avant l'aube.

The midday pause.   Eguerdiko atsedena.   Descanso del mediodía.   La pause de midi.

LAMBING, SHEARING AND SHIPPING

BILDOTS-ERTAROA, ILEMOZKETA ETA ARDIBIDALKETA

Lambing corrals on an Idaho ranch.

Corrales para parir en un rancho de Idaho.

Bildotsak egiteko eskortak, Idahoko arrantxo batetan.

Les corrals prêts pour l'agnelage dans un ranch en Idaho.

The sheepherder's life is dominated by an annual cycle of activity. However, his year does not begin by noting the first day of January, nor is it punctuated by the passing of individual months or even the four seasons. Rather, the cycle starts, appropriately, with renewal of the band when the ewes bear their lambs in late April or May. Soon thereafter the mothers are shorn and branded while the offspring are marked and docked. The herders then trail their bands to the high country where the sheep graze throughout the summer and early autumn. The sheep are left in the lush mountain pasturage until diminishing feed or the threat of inclement weather forces the herder to seek the safety of low foothills and desert.

As they wend their way toward the winter range, two summer bands are combined into one. The sheep pass through a control point, either at the home ranch or at outlying corrals easily accessible by road. There the lambs and ewes are sorted out and some ewe

---

Artzainaren bizitzea urteziklo batek gobernatua agertzen da. Halaz ere, beraren urtea ez da urteberriaren lehen egunarekin hasten, ezta hilen igarotzearekin markatzen ere, edo eta urtaroen presentziarekin. Aitzitik, zikloa Apirilaren azkenetan edo Maiatzean hasten da propio, artaldearen berriztapenarekin ardiak beren bildotsez erditzen direnean. Laster, amei artilea mozten zaie eta marka ezartzen eta axuriak markatu eta zikiratu egiten dira. Artzainek, orduan, artaldeak herri goietara gidatzen dituzte, uda osoan eta udazkenaren hasikinetan bertan ala dezaten. Ardiak larre mardoetan uzten dira, bazkaren gutipenak eta eguraldi txarraren zemaiak artzainei tontor beheragokoen eta desertuaren segurtasunerantz joanerazten dietenarte.

Negu-alapideetarantz zuzentzen direnean, uda-artalde bi bat egiten dira. Ardiak kontroltoki batetatik igarotzen dira jatorrizko arrantxuan, edo eta kaminoz heltzeko oso eroso kokaturik dauden kanpoko hesietan. Bertan bildots eta ardiak bereiziak izaten dira

Corraling a sheep band for shipping lambs and old ewes to market.

Cercando un rebaño para transportar los corderos y las viejas ovejas al mercado.

Bildotsak eta ardi zaharrak merkatura bidaltzeko artaldea inguratzen.

Un troupeau de mouton est mis à l'écart dans un corral avant le transport des agneaux et des vieilles brebis sur le marché.

lambs kept as replacements. The aged ewes deemed likely to be barren or too ancient to survive another year in the desert, all wethers, and the excess ewe lambs are shipped to market.

About December, rams (normally kept near the home ranch) are trucked to the desert and introduced into the bands. Sufficient numbers are used to ensure impregnating all of the ewes over a two-week period. In this fashion the outfit controls the likely date and length of lambing.

In early spring the bands move off the winter range to the relative sanctuary of the outfit's lambing grounds. This is usually an area protected from prevailing winds, with reasonably lush feed and abundant water. It is here that the bands must be bunched under special vigilance and care to obtain maximum survival of the new-born lambs.

Lambing is a particularly anxious time. Birthing takes place around the clock and complications are commonplace. Breech

---

eta ardi-bildots batzu ordezkatze bezala gordetzen. Antzu ematen duten ardiak, edo eta beste urte oso bat desertuan eta eguraldi guztien pean bizirik irauteko zaharregiak agertzen direnak, gehiegizko bildotsak bezala, merkatura bidaltzen dira.

Abenduaren inguruan, ahariak (arrantxuaren ondotxoan gordetzen ohi direnak) kamioiez eramaten dira deserturantz eta artaldetan sartzen. Ardi guztien ernalketa segurtatzeko ahari-kopuru nahikoa eramaten da eta aste bitako bertan uzten. Era honetan entrepresak bildotsen ertaroa eta beronen luzeera kontrola ditzake.

Udaberriaren hasieran artaldeek negu-alagunetatik alde egiten dute ertarorako aski seguru diren entrepresaren zelaietara. Berauek haizeen kontra nahiko gerizatuak daude, bazka gozo nahikoa dute eta ur ugaria. Bertan, izan ere, artaldeak pilatu eta bereziki zaindu behar dira, begirakera bereiziaz axuri jaioberrien ahal den iraupenik zabalena lortzeko.

Ertaroa oso garai antsiatsua da. Erditzapenak bizkor gertatzen

Transporting pregnant ewes to a lambing shed.

Transporte de ovejas preñadas a la tienda donde van a parir.

Umedun ardiak garraiatzen umea egingo duten lekura.

Le transport des brebis pleines vers un abri pour l'agnelage.

births are a major problem and may destroy both the ewe and her lamb if she is left unassisted. At times the newborn lives but is orphaned when its mother expires. The herder must then try to trick a reluctant ewe who has lost her own lamb into accepting the waif as her own. The dead baby is skinned out and the pelt pulled over the orphan. The herder then restrains the ewe and gives her breast to the "jacketted" substitute. If all goes well the familiar scent of her own dead lamb calms the ewe's instinct to reject the interloper. However, at times the ploy fails and the "bummer" lamb must be bottle-fed by the herder or it will perish.

It is during the two or three weeks of lambing that the herder's lot tests his physical endurance to the breaking point. The charged climate of a succession of minor crises is played out against the larger backdrop of potential major disaster. An unseasonal cold snap or snowstorm can freeze the lambs in their tracks within minutes of birth. Catastrophic lambings loom large in the memory

---

dira eta nahasteak oso dira amankomunak. Umealdi okerra oso arazo handia da eta biok, ardia eta axuria hil daitezke laguntzen ez badira. Noizean behin jaioberriak irauten du baina umezurtz geratzen da amaren heriotzearekin. Artzainak orduan, bere bildotsa galdu duen beste ardi bat engainatu behar du zurtza berarena balitz bezala onar dezan. Horretarako, hildako bildotsa larrutu egiten da eta larrua umerzurtzaren gainean jartzen. Artzainak ardia lotzen du eta beraren errapeak "jaketaturiko" ordezkoari ematen. Dena ondo badoa, hil den axuriaren usainak ardiaren sena sarkina botatzeko baretuko du. Hala eta guztiz ere, batzutan trikimailuak huts egiten du eta bildots "eskekoa" artzainak berak elikatu behar du tutu batez, hil eginen ez bada.

Ertaroaren bi edo hiru astetan frogatzen da, hain zuzen, artzainaren kastaren zailtasuna. Elkarren segidan gertatu krisi txikien eguraldi betea, gerta daitekeen hondamendi ikaragarri baten agertoki handiagoan jokatzen da. Halako sasoitik kanpoko hozte

Herder with sheep hook used to catch lambing ewes.

Artzaina umedun ardiak gakotzeko erabiltzen duen artzainmakilarekin.

Pastor con el cayado utilizado para enganchar las ovejas parturientas.

Le berger tient un long crochet utilisé pour capturer les brebis.

of every sheep rancher and form a part of the tradition of each outfit. There is no more palpable reminder of the tenuous nature of sheep ranching under open-range conditions.

Shortly after lambing the ewes are shorn and paint-marked. Crews of shearers, usually Mexicans and American Indians, travel a circuit throughout the sheep districts contracting the job on a piecework basis. The herder brings his sheep to permanent or temporary corrals, and for a few brief hours the band is under external restraint. Indeed, in the corrals the very structure of the "band" collapses as ewes are separated from their lambs and mill about in fear and frustration.

There is something about the corralling of sheep that offends the herder's sensibilities. He seems as out of place as his wards while halfheartedly handing them over to the gruff treatment of the harried and hurried shearers. He winces at the sight of blood on the nicked flanks of ewes shorn too quickly or by apprentices, and feels

---

edo elurte bapatekoak jaio eta minutu batzutara, dauden tokian bertan hil litzake bildotsak. Ertaro galgarriak edozein ardi-arrantxariren oroimenetan izugarri agertzen dira eta entrepresa batbederaren tradizioaren parte dira. Ez dago hau baino ukigarriago den alapide irekien baldintzen peko artzantzaren natura hauskorraren gomutapenik.

Erditzapena eta laburrean, ilea mozten zaie ardiei eta markatu egiten dira. Ilemozkin-taldeak, normalean mexikar edo indiarrak, ardi-eskualdetatik bidaiatzen dira piezako lana eginez. Artzainak behin behineko hesietara daramatza ardiak edo eta hesi iraunkorretara, eta ordu batzutako artaldea kanpotarren kontrolaren pean dago. Izan ere, artaldearen egitura desegin egiten da hesietan, ardiak eta beraien bildotsak banatuak izaten baitira, beldurrez eta zapuzketaz zurrunbiltzen direla.

Badago ardien hesipenean zerbait artzainaren sendikortasuna iraintzen duena. Ardiak bezain tokitik kanpo agertzen da bera,

A "bummer" orphan lamb becomes the herder's companion.

Un cordero huérfano se convierte en el compañero del pastor.

Umezurtz bildotsa artzainaren lagun bilakaturik.

L'agneau orphelin devient le compagnion du berger.

a pang of Judas guilt.

Before reaching the solace and solitude of high mountain meadows the band must endure one last trial. Again the sheep are bunched and mothers separated from their bleating offspring. Now it is the lambs' turn to undergo an ordeal, a kind of ritual that will forever distinguish them from their wild ovine forebears. All lambs have their tails bobbed as a hygienic measure and their ears cut with the distinctive mark of the outfit. The male lambs are castrated—"docked" in the parlance of sheep ranching. Again the herder seems tangential to the operation, rarely entering into the actual mutilation. It is as if he had already done too much in breaking faith with his band by serving it up to such necessary though unpleasant indecencies.

---

bere kargudunak ilemozle zirikatu eta presatuen erabilkera zakarrari ematen dituenean. Bizkorregi edo ikasberri batek ilemoztutako ardien alde zaurituetan odola ikustean asaldatu egiten da eta Judaren erruaren sastada senditzen du.

Herri goietako alagune eta bakea erdietsi baino lehen, baina, artaldeak beste proba bat jasan behar du. Artaldea pilatu egiten da berriz ere eta amak beeka ari diren umeengandik bereizi egiten. Orain, bildotsak dira probaren jasaleak, betiko beraien asabengandik desberdinduko dituen errithalaren pairatzaileak. Osasunneurri bezala bildots guztiei buztana mozten zaie, eta belarriak entrepresaren marka bereiziaz pikatzen. Bildots-arrak zikiratu egiten dira. Berriro ere, artzainak ekintza osotik kanpo agertzen dira, trenkatzetan bakanka parte hartuz. Horrez gero, bere artaldearekin fedea galtzeko larregi egin balu bezala ematen du, horiek bezalako beharrezko urdekerietan sartu duelarik.

Hitching a ride—orphan lamb carried in a burlap bag suspended from a saddle horn.

Garraiaketa—umezurtz bildotsa sakuan daramate zelatik zintzilikaturik.

Dejándose llevar—un cordero huérfano transportado en un saco de arpillera suspendido de la silla de montar.

Le jeune orphelin, désireux de se faire porter, est mis dans un sac de toile suspendu à la selle du cheval.

Ewe killed by dogs from a nearby town.

Auzo herriko txakurrek hildako ardia.

Oveja muerta por los perros de un pueblo cercano.

Une brebis tuée par les chiens d'une ville environnante.

Mexican-American shearer at work.

Esquilador mejicano-americano trabajando.

Mexikar-Amerikar moztailea lanean.

Des tondeurs américains, d'origine mexicaine, à la tâche.

A band of shorn pregnant ewes.

Rebaño de ovejas preñadas recién esquiladas.

Umedun ardiak oraintsu ilea mozturik.

Un troupeau de brebis pleines, déjà tondues.

Working the shipping corrals, separating out lambs for market.

Merkatura garraiatuko dituen ardiak eskortetan banantzen.

En los corrales de transporte se separan los corderos para el mercado.

La mise en place des corrals prévus pour enfermer tous les agneaux destinés à être expédiés sur le marché.

A herder's brother and family visit the outfit at shipping time.

El hermano del pastor y su familia visitan la empresa durante los días de transporte.

Artzainaren anaia eta bere familia garraio aroan hazienda ikustatzen.

Le frère et la famille du berger visitent l'installation au moment de l'expédition des agneaux.

Adoption—"jacketting" an orphan with the pelt of a dead lamb.

La adopción—el cordero huérfano se envuelve en la piel del cordero muerto.

Umezurtz bildotsa ardi hilaren larruarekin estaltzen.

L'adoption: recouvrir l'orphelin de la peau d'un agneau déjà mort.

Twin lambs and their mother are marked with chalk so that the herder knows to which ewe a lamb belongs if one is later abandoned.

A los corderos gemelos y a la madre se les marca con tiza para que el pastor sepa a qué oveja pertenece un cordero en el caso de que sea abandonado.

Bildots bikiak eta beren ama kleraz marratzen dituzte, artzainak jakin dezan nor den bildots baztertuaren ama.

Le marquage à la chaux des agneaux jumeaux et leur mère—de sorte que le berger sache à quelle brebis appartient l'agneau si ce dernier est par la suite abandonné par sa mère.

Bunching ewes for shipping.

Agrupando ovejas para el transporte.

Garraiorako ardiak biltzen.

Le regroupement des brebis pour leur déplacement.

Hooking an errant ewe who has abandoned her lamb.

Enganchando una oveja errante que ha abandonado a su cordero.

Bildotsa utzi duen ardi iheslari bat gakotzen.

La capture d'une brebis errante qui a abandonné son agneau.

Loading wool bags for market.

Cargando sacos de lana para el mercado.

Merkaturako artile zakuak zamatzen.

Les sacs de laine prêts à être expédiés sur le marché.

"Docking" or castrating a male lamb.

Castrando un cordero.

Bildots ar bat zikiratzen.

«Mutilation» ou castration d'un agneau mâle.

Basque hotel in Mountain Home, Idaho, with map of the Basque country on the wall.

Hotel vasco en Mountain Home (Idaho), con un mapa del País Vasco en la pared.

Mountain Home (Idaho) hoteleko horman Euskal Herriaren mapa.

Hôtel basque à Mountain Home en Idaho qui garde accroché au mur la carte du Pays Basque.

TOWN LIFE AND THE BASQUE FESTIVAL

KALEBIZITZEA ETA EUSKAL JAIAK

Accordionist enlivens the Elko (Nevada) Basque festival.

Trikitilaria Elko (Nevadako) euskal jaia alaitzen.

Un acordeonista anima el festival vasco de Elko (Nevada).

L'accordéoniste anime les fêtes basques à Elko (Nevada).

For the typical Basque herder of bygone years the small towns of the American West were to be avoided if possible. Bent upon saving every penny to accumulate a nestegg with which to return to Europe, the herder viewed town life with suspicion. It was an alien world where his sense of helplessness due to lack of English was heightened and where he might become an easy mark for the unscrupulous con man out to fleece a rube. It was also in town that his months of yearning for the conviviality of a good time and the burning need for female companionship might be translated into the expensive temptations of taverns and prostitutes.

Yet every herder, no matter how scrupulous, had to cope at least minimally with the towns. Upon first arriving in the country and finally departing it he was likely to pass through them. Of far greater significance, however, was the fact that until the post-World War II period, when the contract system guaranteed the

Joan diren urteetako euskal artzain ohikoentzat, Mendebaldeko herriak, ahal zelarik, ez bisitatzekoak ziren. Txanpon guztiak aurreratzekotan jarria, Europara atzera joateko itxulapiko betea edukitzearren, artzainak mesfidantzaz begiratzen zuen kalebizitzea. Mundu arrotza zen, non ingelesarik eza zela bide beraren ahuleziaren zentzua are zorrotzago agertzen baitzitzaion, eta edozein kezka gabeko gizon baten eskuetan jauts baitzitekeen, gizon xalo bat moskiltzeko gauza zatekeena. Hiria zen, gainera, beste gizakiekin egoteko eta asti gozoa emateko hilabeteetako nahikundea bezala, hala emakumeekin egoteko behar sukorra, taberna eta andretarako tentaldi garestiak bihur zitezkeen lekua.

Halarik ere, artzain guztiek, ez dio ardura zein kezkati, nolabait kalearekin zerikusi bat ukan behar zuten. Lehendabizikoz Estatu Batuetara heltzean eta gero azkenean alde egitean, hirietatik igaro behar zuten. Esangura handiagokoa zen, baina, II.Mundugerraren osteko garaierarte, hitzarmen-sistema urte osoko lana

The dancers of the Elko Basque club performing at the Winnemucca festival.

Los dantzaris del club vasco de Elko (Nevada), actuando en el festival de Winnemucca.

Elko (Nevadako) euskal batzokiko dantzariek, Winnemucca-ko jaialdian parte hartzen.

Les danseurs du club basque d'Elko dans le Nevada, s'exécutent lors des fêtes de Winnemucca.

herders' year-round employment, sheepherding was a seasonal activity. Each fall when the lambs were shipped to market two bands of ewes were consolidated into a single one and the excess herders were simply laid off until the following spring lambing. Some were able to secure employment at odd jobs, usually on the ranches, while a few went to California each year (where due to the climate the annual cycle is reversed, with lambing taking place in the autumn.) However, most men simply hunkered down in the sheep districts to wait out the layoff period, and this usually meant "going to town."

In response to this situation, throughout the open-range sheep districts of the American West there emerged a network of Basque boarding houses or hotels. Owned by former herders who had acquired enough English and familiarity with American ways to serve as brokers between the boarders and the wider society, the hotels became the closest thing to a home for many a Basque

---

segurtatzen hasi zen arte, artzantza sasoietako lanbidea zela. Udazken bakoitzean bildotsak merkatura bidaltzen zirenean, artalde bi bat egiten ziren eta soberako artzainak hurrengo ertarorarte langabe geratzen ziren. Batzuk halako lan txiki batzu egin zitzaketen, ohi zenez, arrantxuetan. Gutxi batzu Kaliforniara joaten ziren (eguraldi-baldintzengatik urteko zikloa desberdina daukana: ertaroa udazkenean izaten ohi da). Haatik, gizonik gehienak ardi-eskualdetan geratzen ziren langabeko denbora ematen, eta honek "kalera jaistea" esan gura zuen.

Egoera honi erantzutearren, Iparrameriketako Mendebaldeko ardi-eskualdeetan euskal ostatu eta etxeen katea oso bat sortu zen. Artzain ohien eskuetan, ingeles nahikoa ikasitakoak eta amerikar erak ezagutzen zituztenak ostarien eta gizartearen arartekoak izateko, euskal ostatuak etxearen gauzarik antzekoena bihurtu ziren hainbeste euskal artzainentzat. Helbide bat ematen zion, arrantxuan lan egin bitartean kalejantziak uzteko tokia, eta zeru

Sokatira (tug-of-war) at the Elko fairgrounds.   Elko-ko jaietan sokatira.

Sokatira en el festival de Elko.   *Sokatira* (le tir à la corde) à la Foire d'Elko.

sheepherder. It provided him with an address, a repository for a set of town clothes while working on the range, and a safe ethnic haven. Here the food was familiar and he could while away the idle hours playing the Basque card game *mus,* drinking with his friends, dancing to accordion music, and playing pelota or handball in the court that was appended to the back of many Basque hotels. The successful hotelkeeper served as interpreter, accompanying his clients whenever they had to see a doctor or buy a pair of boots. He was a banker, holding their spare cash, arranging to send drafts to Europe, and extending room and board on credit to the man who was down on his luck. They were purveyors of information regarding job opportunities both locally and in distant areas. Should a herder decide to return to Europe for a brief visit he would leave his rifle, saddle, and bedroll in the storeroom of his favorite hotel; and should he remain too long in the American West to ever go back he might live out his last years there as a permanent boarder.

---

etniko segurua. Bertan, janaria ezaguna zen, eta lagunekin sar zezakeen denbora musean arituz, soinumusikaz dantzatzen, edo eta etxe askoren atzekaldeetan zeuden pilotalekuetan eskupilotan eginez. Ostatujabe arrakastaduna itzultzailea izaten zen, eta bezeroak laguntzen zituen bai medikuarengana joan behar zenean edo bota pare bat erosi behar zenean. Bankalaria zen, artzainaren txanpon apurrak gordez, Europarako dirubidalketak eginez, eta zoritxarretan zegoen gizonari jateko eta lo egiteko tokia kredituan emanez. Lanpostuei buruzko informazioaren zabaltzaileak ziren, bai inguruetarako eta bai hurrunagoko tokietarako ere. Artzain batek Europara denbora laburrerako itzultzea erabakitzen bazuen, bere ostaturik maiteeneko tegian utziko zituen fusila, zela eta ohazal eta burusiak, eta Iparrameriketako Mendebaldean luzeegi irauten bazuen herrirantz atzera joateko, ostari iraunkor bezala sar zitzakeen bizitzearen azkeneko urteak.

Denboraren denboraz ostatuek beste funtzio batzu ere hartu

Harrijasotzaile (stone lifter) tests his strength with a granite ball weighing over 200 pounds.

El *harrijasotzaile* prueba su fuerza con una piedra de granito que pesa más de 100 kilos.

Ehun kiloko granitozko harri biribilarekin harrijasotzaile bat bere indarrak neurtzen.

Harrijasotzaile (le leveur de poids) met toutes ses forces à l'épreuve en soulevant une énorme pierre de granit pesant plus de cent kilogrammes.

The *aizkolari* (woodchopper) in competition.

Aizkolaria aizkorajokoan.

El *aizkolari,* en competición.

L'*aizkolari* (le bûcheron) en pleine compétition.

Young Basque dancers at the Elko festival sing the "Star Spangled Banner" and the Basque anthem "Gernikako Arbola."

Jóvenes dantzaris vascos cantan el himno americano "Barras y estrellas" y el himno vasco "Gernikako arbola" en el festival de Elko.

Elko-ko jaietan euskal dantzari gazteek amerikar goratzarkanta *Star Spangled Banner* eta euskal "Gernikako arbola" abesten.

Les jeunes danseurs basques, lors des fêtes d'Elko, chantent l'hymne américain, le «Star Spangled Banner», et l'hymne basque, le «Gernikako Arbola».

Over time the hotels acquired other functions as well. While few Basques entered the United States with the intention of remaining, some changed their minds once they became sheepmen in their own right. Desirous of establishing a family, they either wrote or went back to the Basque Country to secure brides. Some married Basque serving girls who were brought over by the hotelkeepers to staff the boarding houses. In this fashion a more sedentary and settled Basque and Basque-American population became established in many small towns of the American West. For these local Basque colonies the hotels were a social universe. They hosted the baptismal banquets and wedding celebrations. Children from distant ranches might be boarded during the school year while attending classes. Wives sometimes spent the final stages of pregnancy and then gave birth in the hotel. The injured and ill resided there while convalescing. Corpses were brought in from the outlying areas for the night vigil or wake before final burial.

---

zituzten. Euskaldunetan gutxi sartzen zen Estatu Batuetan bertan geratzeko asmoz; batzuk, baina, artzain beregain bihurtu eta gero beren helburuak aldatzen zituen. Familia bat sortzeko gogotan, idatzi edo Euskal Herrira joaten ziren emaztegaiak segurtatzeko. Batzu ostatujabeek neskame bezala aritzeko eramandako euskal neskekin ezkontzen ziren. Era horretan, geldikorrago zen euskaldun eta euskaldun-ameriketar populazio finkatu bat sortzen hasi zen Iparrameriketako Sartaldearen hainbeste herrietan. Euskal kolonia hauentzat ostatuak unibertso sozial bat ziren. Bertan egiten ziren bataio eta eztei-oturuntzak. Arrantxu hurrunetako haurrak ostatuan egon zitezkeen urtean zehar eskolara joateko. Andreek, noizean behin, haurdunaldia ostatuetan ematen zuten, eta bertan ere haur egiten zuten. Zauritu eta gaixoak ostatuetan egoten ziren gaitzondoaren bitartean. Gorpuak urruneko lekuetatik eramanak izaten ziren, bertan gaueko hilbeila egiteko lurperatuak izan baino lehen.

Young Basque dancers at the Elko festival.

Jóvenes dantzaris vascos en el festival de Elko.

Elko-ko jaietan euskal dantzari.

Les jeunes danseurs basques, lors des fêtes d'Elko.

In this patriotic dance the *ikurrina* (Basque flag) is waved over the dancers.

En este baile patriótico, la *ikurrina* ondea sobre los dantzaris.

Abertzale dantza hontan ikurrina dantzarien gainean zabukatzen.

Lors de cette danse patriotique, l'on fait flotter l'«ikurrina» (le drapeau basque) au-dessus des danseurs.

The sheep hooking contest, in which the object is to catch and restrain a ewe in the shortest possible time, is a popular event at the Elko Basque festival.

Ardi-gakoketa lehiaketaren helburua ardi bat harrapatu eta ahalik lasterren lotzea da. Joko hau oso herrikoia da Elko-ko euskal jaietan.

La competición de enganchar la oveja, consistente en capturar y atar una oveja en el mínimo plazo de tiempo, es muy popular en el festival vasco de Elko.

La capture des moutons, concours qui consiste à attraper une brebis et à la retenir prisonnière dans un temps record, est un moment très attendu lors des fêtes basques à Elko.

The Basque hotel, then, was a crucible of birth and death, joy and sorrow; a public establishment masking many private intimacies. As such it was the prime ethnic institution of Old World-born Basques and Basque-Americans alike.

There is another manifestation of Basque culture, both more recent and more restricted in its distribution—the Basque festival. Today, in places like San Francisco, Los Banos, Fresno, Bakersfield, and Chino (all in California), Reno, Winnemucca, Elko, and Ely (Nevada), Boise (Idaho), Salt Lake City (Utah), and Buffalo (Wyoming), Basques gather each summer to hold a celebration. At times attended by as many as three thousand persons, the festivals are now famed throughout the American West and attract Basque and non-Basque revelers alike. In Elko, Nevada, the national Basque festival, held over the Fourth of July weekend, is the event of the year.

The activities are distinctively Basque-American in that the

Euskal ostatua, beraz, jaiotze eta heriotze, alaitasun eta damuen arragoa zen; hurkotasun askoren maskaratzailea zen toki publikoa. Zentzu horretan, bai Euskal Herrian jaio zein Mundu Berrian jaio, euskaldun guztien erakunde etnikorik garrantzitsuena zen.

Badago euskal kulturaren beste agerpide bat, berriagoa eta mugatuagoa beraren banaketan. Gaur egun, San Francisco, Los Banos, Fresno, Bakersfield eta Chino (Kalifornia), Reno, Winnemucca, Elko eta Ely (Nevada), Boise (Idaho), Salt Lake City (Utah), eta Buffalo (Wyoming) bezalako tokietan biltzen dira udero euskaldunak ospaketa bat edukitzeko. Inoiz hiru mila pertsonataraino bildu izan da, eta famatuak egin direlarik, euskaldunak ez diren ikusliarrak ere erakartzen dituzte. Nevada-ko Elko-n, Euskal Jai Nazionala, Uztailaren lauaren asteburuan ospatua, urteko bestaburua da.

Ekintzak euskaldun-ameriketar dira argiro, jaiak bai mundu

Fellowship at the festival is in marked contrast with the sheepherder's solitude on the range.

La camaradería en el festival contrasta fuertemente con la soledad del pastor en el campo abierto.

Euskal jaietako adiskidetasuna eta artzainaren larretako bakardadea oso ezberdinak dira.

Cette ambiance amicale lors des fêtes contraste totalement avec la solitude des bergers dans les prairies.

festival incorporates both Old World and New World elements,
combining the American picnic or barbecue and the village saint's
day celebration of Europe. The festival, then, draws upon elements
from both sides of the Atlantic and also reflects the fact that Basque-
Americans were drawn from many different regions of the Basque
Country. The proceedings open with a Catholic mass, an echo of the
religious character of the Old World celebration but not in reference
to any particular saint's feast day. Folkdance groups from the Bas-
que social clubs of several communities then perform. The reper-
tory of dances and costumes is generic rather than specific. That is,
each group is likely to perform dances from a variety of Old World
locales rather than ones specific to a particular village or region.
Athletic competition includes lifting and carrying stones (popular
in Vizcaya) and woodchopping (most common in Navarra). At the
same time, events such as sheephooking contests and sheepdog
trials are more reminiscent of the American rodeo than the Old

---

zaharreko eta bai mundu berriko elementuak nahasten baititu:
iparrameriketar *picnica* eta Europako herrietako sainduegunaren
ospaketa. Jaiak, beraz, Atlantikoaren alde bietako elementuak
elkartuz, zera erakusten du ere, euskaldun-ameriketarrak Euskal
Herriaren eskualde desberdinetatik datozela. Jaia, meza katoliko
batez hasten da, mundu zaharraren bestaren ezaugarri erlijiosoaren
oihartzuna, baina inongo sainduren erreferentziarik gabe. Gero
euskal elkarteen dantzataldeak aritzen dira. Dantza eta ohiturak
guztitarikoak dira gehiago berarizkoak baino, hau da, talde bakoi-
tzak mundu zaharreko herrialde desberdinetako dantzak egin di-
tzake. Txapelketetan harrijasotzea eta gizonproba (Bizkaian oso
ezagunak) eta haizkolaritza (Nafarroan ezaguna hau batez ere) aipa
daitezke. Ardi-harrapaketen eta artzanzakurren txapelketek, be-
rriz, iparrameriketar *rodeo*arekin daukate zerikusirik gehiago mun-
du zaharreko bestarekin baino. Txuletak eta bildoskia egiten dira
eta indiaba, entsalada, ogia eta ardoarekin jaten. Arratsaldean jaia

Handball competition is a favorite Basque sport.

La pelota a mano es uno de los deportes vascos favoritos.

Eskupilota da euskal jokorik gogokoena.

Le concours de pelote est un sport très apprécié chez les basques.

World fiesta. There is also a barbecue with steaks or lamb chops, beans, salad, bread, and red wine, and in the evening the festivities conclude with a street dance.

For the Basque-American community, then, the festival is a vehicle for celebrating one's roots as the descendants of Europe's mystery people and of the lonely guardians of America's sheep bands. Few working herders, however, are able to attend since the unending vigil over the bands must be maintained. The merriment and camaraderie of the festivals are but a faint echo in the mountain fastness and serve only to further underscore the sheepherder's solitude.

---

biribilketa batez amaitzen da.

Euskaldun-ameriketar komunitaterako, beraz, euskal jaia nork bere erroak ospatzeko aukera da, bai Europako herri misteriotsuaren ondorengoak bezala, eta bai Iparrameriketako artaldeen zaintzaile bakartiak bezala. Lanean ari diren artzainetan, baina, oso guti joaten da bestetara, artaldea atergabe behar baita behatu. Jaietako alaitasun eta laguntasuna ez dira mendiaren sendotasunaren oihartzun makala baizik, eta ez dute artzainaren bakartadea baina azpimarratzen.

Prólogo

En 1969 el antropólogo y fotógrafo Richard Lane comenzó a fotografiar la vida de los pastores en los campamentos del nordeste de Nevada. Era evidente que la saga del *artzaina* (pastor) había entrado en su última fase y que estaba en peligro de desaparecer sin dejar una crónica visual sistemática. Es cierto que el pastor vasco había llegado a ser tema de frecuentes artículos superficiales en la prensa de masas. En efecto, su existencia solitaria en medio de un paisaje espectacular era cada vez más ensalzada e idealizada para un lector acosado por las presiones de la vida urbana. Pero, como género de literatura de evasión, este tratamiento no reflejaba la realidad de su situación.

Préface

C'est en 1969 que Richard Lane, anthropologue et expert photographe, commença à photographier la vie dans les camps de bergers au Nord-ouest du Nevada. Manifestement la saga des «Artzainak» était dans sa phase finale et risquait de disparaître de la scène sans laisser de documents visuels. La figure du berger basque était souvent évoquée par la presse mais de façon superficielle. En effet, son existence de solitaire de plus en plus exaltée et objet d'une présentation «romantique» pour le lecteur assailli par les pressions de la vie urbaine, se déroulait au sein d'un paysage spectaculaire. Cependant, en tant que genre de litté-

Lane se dedicó a fotografiar este modo de vida en toda su complejidad: el parto de las ovejas, la trashumancia, el esquilo, el desrabar y la castración, el transporte al mercado y el pastoreo de verano e invierno. Era evidente que la existencia del pastor vasco armonizaba sutilmente con las cambiantes estaciones del año y con las circunstancias—un ritmo natural que transcurre en un ciclo anual. Además, este ciclo se diferenciaba de una región a otra e incluso de una empresa pastoril a otra dentro de la misma zona. Por ello, Lane desplegó sus esfuerzos en el sur de los Estados de Idaho, Wyoming y el Valle Central de California.

Las fotografías de este libro fueron escogidas entre las miles tomadas por Lane en los últimos quince años. Cada una coloca alguna pieza del mosaico que representa la vida del pastor vasco. Las fotos muestran zonas geográficas diversas y, por tanto, no pretenden reflejar las circunstancias de ningún pastor, rancho o región en particular. Más bien, se trata de captar los rasgos gené-

---

rature d'évasion, un traitement de ce type traduisait à peine la réalité de la situation.

Lane se consacra à filmer ce mode de vie particulier, dans toute sa complexité, comprenant l'agnelage, la conduite, la tonte, l'arrimage, le transport et le rassemblement du troupeau en été et en hiver. Car apparemment l'existence du berger basque était parfaitement en harmonie avec les saisons et les circonstances . . . cycle naturel qui défile au fil des mois. De plus, ce cycle variait d'une région à l'autre (et même d'un éleveur à l'autre au sein d'une même région). Ainsi, Lane poussa ses efforts jusqu'au sud de l'Idaho, le Wyoming et la vallée du centre de la Californie.

Les photos publiées dans ce livre ont été choisies parmi des milliers de photos que Lane a prises au cours de ces quinze dernières années. Chacune d'elles évoque un élément de la mosaïque de la vie du berger basque. Elles ont été prises à divers endroits et, de ce fait, n'ont pas l'intention de peindre un berger, un ranch ou

ricos del pastoreo en campo abierto del Oeste americano.

Queremos hacer constar las ayudas que nos han prestado en la realización de este proyecto. El Centro de Estudios Vascos de la Universidad de Nevada, Reno, aportó fondos, filminas y una oficina de trabajo. La Fundación Nacional de Arte y el Banco de Vizcaya concedieron becas para sufragar parte del costo del viaje de Richard Lane y la elaboración de las diapositivas. En especial, queremos expresar nuestro agradecimiento a los muchos rancheros y pastores que amablemente permitieron ser fotografiados.

Finalmente, queremos agradecer la labor de los traductores del texto original en inglés: Gorka Aulestia fue el responsable de la traducción a la lengua vasca. Carmelo Urza y Gorka Aulestia colaboraron en la castellana, que fue revisada por Mertxe de Renobales, José Luis Granja e Inés Valdeón. Marie-Pierre Arrizabalaga hizo la traducción francesa, revisada por Pierre Bidart y Vincent Garmendia. A todos ellos, nuestro sincero agradecimiento.

---

une région en particulier. Nous avons préféré donner une vue d'ensemble de la vie du berger au sein de son troupeau dans les prairies et les montagnes de l'Ouest américain.

Nous voudrions manifester notre gratitude envers tous ceux qui ont participé à la réalisation de ce projet. Le programme des Etudes Basques de l'Université du Névada à Reno a fourni des fonds, des pellicules et un bureau. La Fondation Nationale des Arts et la Banque de Biscaye ont toutes deux accordé des bourses pour aider Richard Lane à couvrir ses frais de déplacement et de développement des pellicules. Enfin nous voudrions remercier de façon particulière tous les propriétaires de ranch et les bergers qui nous ont aimablement autorisé à les prendre en photo.

Pour terminer, nous voudrions exprimer nos remerciements aux traducteurs du texte anglais. Gorka Aulestia s'est chargé de la traduction en Basque. Carmelo Urza et Gorka Aulestia ont travaillé en collaboration pour la traduction en espagnol qui fut par la suite

Perspectivas del Pasado

Como la clásica obra de teatro en tres actos o el ensayo ideal, la historia del pastoreo vasco en el Oeste americano tiene un comienzo, un intermedio y un fin. La historia comienza en los años cincuenta del siglo pasado cuando unos pocos aventureros vascos, que habían acudido a los yacimientos de oro de California, se desilusionaron de la suerte de los mineros y se dedicaron a la cría de ovejas. El segundo período comenzó en la década de 1870 con la expansión de los pastores vascos por el Oeste y duró hasta el siglo XX. Para entonces el campo abierto se había sobrecargado y la legislación federal, controlando su acceso, detuvo de hecho esta expansión. La última fase fue anunciada por la le-

---

corrigée par Mertxe de Renobales, José Luis Granja et Inés Valdeón. Marie-Pierre Arrizabalaga s'est chargée de la traduction en français que Pierre Bidart et Vicente Garmendia ont corrigée. A toutes ces personnes, nous manifestons notre reconnaisance la plus grande.

Images du passé

Comme toute pièce classique en trois actes ou toute dissertation idéale, l'histoire du berger basque dans l'Ouest américain a un début, un milieu et une fin. L'histoire commença dans les années 1850 où quelques argonautes basques dans les mines d'or de la Californie finirent par se lasser de leur vie de mineur et se reconvertirent dans l'élevage des moutons.

gislación del *Taylor Grazing Act* (1934), que expulsó al pastor nómada del escenario del Oeste y convirtió el pastoreo en una ocupación mal remunerada y sin salida, en lugar de una oportunidad para un empresario que aspiraba a montar su propio negocio de ovejas.

Los primeros colonos vascos del Oeste se enfrentaron con zonas vírgenes. En los extensos valles de la costa, en los desiertos y en las colinas al pie de las montañas del sur de California, encontraron pastos en condiciones ideales. Con anterioridad a su llegada, la región estuvo controlada por los famosos *Dons* (señores hacendados), dueños de las originales concesiones de territorios de la Monarquía española. Acostumbrados a una vida ociosa y extravagante y dedicados a la crianza de ganado vacuno en gran escala, los *Dons* eran incapaces de adaptarse a la nueva realidad económica. Propensos a la mala administración, abandonados por sus empleados afectados por la «fiebre del oro», asolados por un aluvión de intrusos y enfrentados a la nueva administración gubernamental

---

La seconde période commença dans les années 1870 où les bergers basques se dispersèrent dans l'Ouest américain, et se poursuivit jusqu'au début du XX siècle, où l'encombrement dans les prairies et la législation fédérale contrôlant leurs accès mirent définitivement fin à l'expansion des bergers basques. Le début de la phase finale fut marqué par la Loi Taylor sur l'usage des pâturages en 1934, loi qui proscrit le berger itinérant de l'ouest et qui fit de l'élevage une profession mal payée et sans débouchés au lieu d'en faire une profession à larges possibilités pour un homme entreprenant qui aspire à faire son propre élevage de mouton.

C'est à cet endroit que les premiers colons basques de l'Ouest américain trouvèrent une nouvelle «frontière.». Dans les vastes vallées des Etats du Pacifique, dans les déserts et aux pieds des collines du sud de la Californie, ils découvrirent de vastes prairies aux conditions idéales. Avant qu'ils ne s'y installent, la région était contrôlée par les célèbres Dons (grands propriétaires d'origine

de Estados Unidos, los *Dons* estaban acorralados por todas partes. Los años de sequía seguidos de inundaciones devastadoras casi destruyeron las manadas de ganado, devaluando el precio del terreno hasta niveles bajísimos.

La cría de ovejas era una alternativa viable. Las ovejas resistían las periódicas sequías y las áridas condiciones generales de la región. Para comenzar un negocio de ovejas hacía falta menos capital que el necesario para una manada de vacas. Un negocio de ganado vacuno requería una base central, extensos territorios con títulos de propiedad y muchos empleados, mientras que un rebaño de ovejas podía ser obra de un solo hombre sin terrenos. Dada la tendencia gregaria de las ovejas, un pastor era capaz de guiar más de mil cabezas de un lugar a otro sin dificultad. Las ovejas necesitaban constante vigilancia y protección de los animales rapaces; de ahí que el pastor se quedase permanentemente con su rebaño, viviendo en una tienda de campaña y transportando sus escasos enseres

---

hispanique), premiers exploitants des concessions distribuées par la couronne espagnole. Habitués à mener une vie d'oisiveté et de gaspillage et réduits à faire de l'élevage de bétail à grande échelle, les Dons étaient incapables de s'adapter aux nouvelles réalités économiques. Sujets à de sérieux problèmes de gestion, abandonnés par leurs employés frappés par la fièvre de l'or, harassés par le flot des squatters et faisant front à une bureaucratie anglaise hostile à leur culture et à leur classe, les Dons étaient assaillis de toutes parts. Des années de sécheresse, suivies d'inondations dévastatrices ont presque totalement détruit les troupeaux, contribuant à faire perdre à la terre toute sa valeur.

L'élevage des moutons apportait un solution viable. Les ovins se sont montrés résistants face à la sécheresse et aux conditions arides de la région en général. Par rapport à un troupeau de bovins, un troupeau de moutons nécessitait peu de capitaux. Contrairement à l'exploitation des bovins, qui demandait un toit, de grandes

personales en un burro.

Si la vida de un pastor era la antítesis de la opulencia del *Don* hacendado, con el tiempo demostró ser más duradera. Es cierto que algunos "Dons" intentaron pasar a la cría de ovejas, convirtiendo ranchos de ganado vacuno en ranchos de ovejas. Pero la mayoría de ellos estaban demasiado desilusionados o apegados al ganado vacuno para tener éxito en la nueva empresa. Por fin, vendieron o arrendaron sus prados a pastores negociantes, cuya presencia era creciente.

Entre las masas heterogéneas de mineros que buscaban oro, el grupo vasco fue particularmente sensible a la nueva oportunidad. La mayoría provenía de zonas rurales de Euskal Herria y tenía un conocimiento profundo de la cría de animales, de ovejas en algunos casos. Mayor importancia tuvo la llegada a California del sur de algunos vascos de América Latina, donde, ya en la década de 1830, los vascos se habían establecido como el mayor contingente étnico

---

étendues de terre et de nombreux employés, l'exploitation des moutons nécessitait potentiellement le travail d'un seul homme sans terre. Etant donné que les moutons ont naturellement tendance à rester groupés, un berger pouvait facilement manier mille animaux ou plus et les conduire d'un endroit à un autre. Les moutons exigeaient une surveillance et une protection incessantes contre tout prédateur, aussi le berger restait-il constamment avec son troupeau, vivant dans un wigwam et transportant ses affaires personnelles à dos d'âne.

Si le style de vie du berger était tout à l'opposé de celui du Don, homme riche, propriétaire de vastes terres, il s'est avéré être en définitive plus durable. Il est certain que quelques Dons ont essayé de gérer eux-même leurs troupeaux de moutons, morcelant et clôturant leur propriété. Cependant la majorité d'entre eux se sont trop découragés ou alors étaient trop attachés à l'élevage du bétail pour faire de leur aventure, une entreprise prospère. En définitive, ils

en la floreciente ganadería ovina de las pampas. Para estos hombres California ofrecía la oportunidad de repetir el escenario sudamericano, con la ventaja adicional de un mercado preexistente, con precios muy elevados para los productos de carne en las poblaciones cercanas de buscadores de oro.

Y así comenzó. Los vascos se adaptaron a la nueva economía y en poco tiempo adquirieron renombre por su habilidad y dedicación en el cuidado de los rebaños. A medida que mejoraban sus negocios, los primeros pioneros se pusieron en contacto con Europa a fin de conseguir familiares y compañeros de sus pueblos. Los recién llegados trabajaron como pastores, pero a la mayoría no les agradaba laborar para otros indefinidamente, por lo que invertían sus ahorros en la compra de ovejas o cobraban sus sueldos en ovejas, incorporándolas al rebaño del dueño hasta que se independizaban y marchaban en busca de praderas vírgenes.

De este modo los empresarios de ovejas se esparcieron en

---

ont vendu ou loué leurs prairies à des bergers entrepreneurs toujours présents à la tâche.

Le contingent basque parmi les chercheurs d'or cosmopolites de toute condition sociale était particulièrement sensible à cette nouvelle perspective. La plupart venaient des campagnes du Pays Basque et avaient une connaissance de première main sur l'élevage en général ou sur l'élevage des moutons pour certains d'entre eux seulement. Mas il est important de souligner qu'un grand nombre de ces hommes venus en Californie, avaient quitté les Etats du sud de l'Amérique du Sud où les Basques, dans les années 1930, s'étaient établis pour devenir le groupe ethnique le plus important dans cette industrie en expansion qu'était l'élevage des moutons dans les Pampas. La Californie donnait à ces hommes-là l'occasion de reprendre le scénario de l'Amérique du Sud, avec en plus l'avantage de la proximité d'un immense marché pour la vente des produits bovins dans les mines d'or environnantes.

seguida más allá de los confines de las primitivas concesiones territoriales, localizadas principalmente en la costa. En los parajes áridos del interior se desarrolló un nuevo conjunto empresarial. Las zonas bajas eran demasiado áridas para la agricultura tradicional o para operaciones ganaderas de todo el año. Sin embargo, en los meses lluviosos de invierno proporcionaban suficiente pasto para el resistente ganado lanar. Durante el verano llevaban los rebaños, a través de largas caminatas, a los pastos elevados de las montañas de San Bernardino y de Sierra Nevada.

Así surgió un modelo de trashumancia de ovejas que suponía un viaje anual entre los pastos de verano y de invierno. Un equipo podía recorrer hasta quinientas millas (800 kilómetros) durante el año, pero, andando despacio y apacentando, las ovejas no sufrían menoscabo alguno. Este arreglo entre hombre, animales y medio ambiente demostró ser tan adaptable a las condiciones del Oeste americano que a fines de siglo los rebaños trashumantes eran

---

C'est ainsi que tout commença. Les Basques s'installèrent dans cette nouvelle région, essentielle à l'économie et se firent rapidement la réputation d'hommes qualifiés et dévoués à leurs troupeaux. Ayant étendu leurs opérations, les premiers pionniers basques envoyèrent chercher en Europe des parents ou des amis du village. Les nouveaux arrivants travaillaient d'abord comme bergers mais peu d'entre eux avaient l'intention de travailler indéfiniment pour quelqu'un d'autre. La plupart d'entre eux achetaient des moutons avec leurs économies ou recevaient tout simplement leurs salaires en brebis qu'ils élevaient avec celles de leurs employeurs avant de s'en aller enfin à la recherche de prairies vierges.

De cette façon, les troupeaux de moutons se multiplièrent rapidement au-delà des limites des premières concessions côtières. Et c'est dans les régions arides de l'intérieur qu'unc nouvelle situation se créa. Les plaines étaient beaucoup trop sèches pour l'agriculture classique ou l'élevage de bétail. Cependant, pendant les

frecuentes en toda la región.

Sin embargo, el desarrollo de las operaciones ovinas en terre-nos públicos no se llevó a cabo sin adversidades ni conflictos. En teoría, la mayoría de los pastos estaban abiertos al público y, por tanto, a disposición del primero que los explotara. En la práctica, hubo fuertes oposiciones. Las actividades de los pastores nómadas chocaban con los intereses de las fronteras de ganado vacuno en expansión y con el deseo nacional de establecer pequeños agricul-tores pioneros en sus propios terrenos *(homesteads)*. Los ganaderos y las grandes empresas ovinas reclamaron a perpetuidad los pocos riachuelos y manantiales de los montes. Los agricultores exigieron, cercaron y labraron las tierras fértiles de los valles. Para todos ellos, los pastores nómadas—*tramps,* en el lenguaje peyorativo de la épo-ca—eran una maldición. Tanto el ranchero como el agricultor con-cebían los terrenos públicos contiguos a su propiedad como una extensión natural de ella—una parte íntegra de su dominio.

---

mois les plus humides de l'hiver, elles fournissaient aux robustes moutons une abondante pâture. En été, les troupeaux étaient con-duits aux pâturages, dans les hauteurs des montagnes de San Bernardino et de la Sierra Nevada.

C'est ainsi que se créa un modèle de transhumance impliquant chaque année le déplacement des moutons des hauts pâturages en été vers les plaines côtières en hiver. Un troupeau peut avoir à parcourir jusqu'à 7500 kilomètres par an. Mais en se déplaçant lentement et se nourrissant en chemin, les moutons n'en étaient en aucun cas affectés. Ce compromis entre l'homme, l'animal et l'en-vironnement s'avéra si adaptable aux conditions de l'Ouest améri-cain qu'il était tout à fait normal vers la fin du siècle dernier de voir dans toute la région ces troupeaux de moutons en transhumance.

Cependant la multiplication de ces troupeaux dans les vastes prairies n'allait pas sans problèmes ou conflits. En théorie, la plu-part de ces prairies faisaient partie du domaine public et, de ce fait,

Resultaba más fácil considerar y aun menospreciar al pastor nómada como un entrometido sin derechos por ser éste, con frecuencia, un «extranjero» poco ducho en la lengua inglesa. Al mismo tiempo que protegían sus derechos personales sustentados en una titularidad dudosa, los rancheros podían mostrarse como superiores a los «pequeños hombres morenos», prestos a ganar dinero para regresar a Europa con sus ahorros.

Tales personas eran consideradas seres perjudiciales para el asentamiento y desarrollo del Oeste y «parásitos» naturales de la región. En consecuencia, no fueron tratados mejor que los indios o los animales rapaces. Si se añade a esto el mito interesado de que las ovejas eran de por sí dañinas al pasto (mito no demostrado científicamente, pero aceptado casi universalmente), es fácil imaginar las pasiones del pionero, que se había establecido permanentemente, al contemplar la irrupción del rebaño molesto en "sus" pastos.

Por todo ello, el hostigamiento a los pastores nómadas llegó a

---

étaient ouvertes aux premiers arrivants. En fait, la réalité était bien plus complexe. Les activités du berger et de ses moutons en transhumance étaient incompatibles avec les intérêts du propriétaire de ranch en pleine prospérité et avec le désir de toute la nation de fixer les fermiers à la propriété. Les éleveurs d'ovins et de bovins prétendaient sans cesse avoir droit aux rares ruisseaux et aux rarcs sources. Les fermiers prétendaient aux meilleures terres, les clôturaient et les labouraient. Tous considéraient comme intolérable la présence de ces bergers nomades ou de ces «vagabonds,» terme péjoratif utilisé aujourd'hui. Le propriétaire de ranch et le fermier estimaient que le domaine public contigu à leur propriété était la prolongation de leur domaine, partie intégrante de toute l'exploitation.

Dans la mesure où ces bergers-nomades étaient probablement «étrangers» et parlaient à peine l'anglais, il était facile de les renvoyer ou encore de les mépriser en les considérant comme des

ser considerado una necesidad económica y un deporte legítimo. Esta actitud conflictiva se expresó de muchas formas, desde la más refinada a la más violenta. A veces, las grandes empresas de ganado vacuno mantenían un rebaño de ovejas que se acercaba ex profeso al rebaño de cualquier pastor nómada. En caso de una posible mezcla de rebaños, ambas partes sabían bien que la separación en campo abierto constituía una tarea dificilísima. Tardaban al menos un día en la construcción de cercados provisionales y los agitados animales perdían peso. El consejo municipal, dominado por rancheros, y las comisiones del distrito aprobaron reglamentos ilegales prohibiendo la aproximación de los nómadas a las ganaderías ya establecidas. Aunque pocas de las normas estableciendo límites de acercamiento a dos o tres millas se mantuvieron debido a las objeciones legales, todas sirvieron para crear un clima de intimidación.

El pastor nómada forastero, recién llegado a una zona determi-

---

intrus. Défendant des revendications personnelles qui reposaient sur un fonds douteux, il était possible de faire de la morale à ces «petits-hommes au teint basané», ces trafiquants au dollar facile qui envisageaient de retourner au pays avec leurs économies. De telles personnes pouvaient être considérées comme étant aussi nuisibles à la colonisation et au développement de l'Ouest que les «vermines» de cette région. Par conséquent on n'allait pas mieux les traiter que les Indiens ou les prédateurs. De plus, un mythe voulait que les moutons soient par essence nuisibles aux prairies, chose invérifiable scientifiquement mais admise presque universellement, et l'on peut facilement imaginer la colère du colon propriétaire de terres à l'approche de ces indésirables troupeaux sur «ses» prairies.

Ensuite l'on vint à considérer le harcèlement des «vagabonds» comme une nécessité économique et un combat légitime. Les formes de harcèlement pouvaient varier beaucoup et aller de la

nada, se hallaba en situación precaria para oponerse a las exigen-
cias del *cowboy* o vaquero enviado para informarle de que había
transgredido el consabido límite. En la confrontación subsiguiente,
se hallaba en franca desventaja al tener que defender su punto de
vista en su imperfecto inglés. La mayoría optaba por marcharse,
quizás demorándose lo más posible a fin de aprovechar los pastos.
En ocasiones, sin embargo, algunos perdían la paciencia y la
violencia sustituía a la razón. Más de un pastor fue arrastrado atado
a un caballo y más de un vaquero cayó abatido por el «Winchester»
de un pastor.

    Estos desagradables y trágicos acontecimientos acrecentaron
las tensiones entre ambos bandos y dificultaron la resolución del
problema. Las nuevas orientaciones de las autoridades nacionales
fueron mucho más importantes para el control y la desaparición
final del pastor nómada en campo abierto. A fines de siglo, el
Congreso de Estados Unidos legisló el sistema de Terrenos Fores-

---

conversation subtile à la prise de bras. De grands éleveurs de bétail
gardaient en réserve un troupeau de moutons qu'ils élevaient dans
le seul but de le mélanger à celui du vagabond intrus et de créer un
climat d'intimidation. Le triage des deux troupeaux (celui de
l'éleveur et celui du vagabond) dans les vastes prairies constituait
une entreprise difficile. L'on perdait au moins un jour à préparer les
corrals de fortune et les animaux dans l'agitation perdaient de leur
poids. Les conseils municipaux favorables aux propriétaires de
ranch et les commissions départementales expédiaient des arrêtés
inconstitutionnels interdisant aux «vagabonds» de s'approcher
trop près des troupeaux de bétail des propriétaires de ranch. Peu de
lois sur la limitation des concessions publiques à trois ou cinq
kilomètres des propriétés privées subirent victorieusement l'é-
preuve du défi judiciaire mais toutes servirent à créer un climat
d'intimidation.

    Le «vagabond» étranger, à peine arrivé dans une région, était

tales y de Parques Nacionales, colocando la mayoría de estos terrenos del Oeste bajo el control directo del Gobierno nacional. En adelante, el acceso a los pastos elevados de verano fue restringido. El pastoreo de ganado vacuno u ovino estaba prohibido dentro de los parques nacionales, pero como estos terrenos constituían sólo una pequeña parte del campo afectado, esto no supuso una gran privación a la ganadería en general. El acceso al pastoreo en Terrenos Forestales nacionales se hallaba regulado a través de un sistema de distribución por el cual las comisiones de la localidad, compuestas por rancheros establecidos, determinaban las cuotas. Para poder ser acreedor de un permiso, el candidato tenía que ser ciudadano estadounidense y dueño de terrenos. No es de extrañar que la mayoría de los rancheros apoyaran el plan y que la prensa de la región publicara esta noticia: «Pastores vascos son excluídos de los terrenos nacionales.»

Irónicamente, la aparente victoria resultó efímera, dado que la

---

en mauvaise posture pour discuter des droits revendiqués par le cowboy envoyé pour l'aviser de son intrusion. Dans la confrontation qui s'ensuivait, il se trouvait doublement handicapé, s'efforçant de plaider sa cause en mauvais anglais. La plupart se remettaient en route, traînant en longueur, probablement pour profiter un peu de la pâture disponible. Cependant il arrivait que la colère éclatât et que la raison fît place à la violence. Ainsi, combien de bergers, prisonniers du lasso, traînés par un cheval, et de cowboys tombés sous les tirs du berger!

Des événements aussi tragiques et déplaisants faisaient monter les tensions et n'aidaient pas à résoudre les problèmes. Au niveau fédéral, les améliorations à apporter à la réglementation et à l'affermage définitif des prairies du domaine public pour le berger vagabond étaient de première importance. Vers la fin du siècle dernier, le Congrès américain réglementa le système des forêts et des parcs nationaux, plaçant la plupart des terres boisées sous la

legislación vino a exacerbar el problema planteado por el pastor nómada. Excluídos de buena parte de sus antiguos pastos, los pastores errantes se concentraron en algunos distritos. Muchas de las cordilleras del interior del Oeste estaban escasamente pobladas de árboles para ser incluídas en el sistema de Bosques Nacionales, pero poseían suficiente vegetación para secundar el pastoreo de verano. En 1909, el *Tribune,* periódico de la ciudad de Caldwell (Estado de Idaho), relató:

> Los pastores del Condado de Owyhee están estrechamente acosados por vizcaínos, comúnmente llamados vascos, y los conflictos pueden brotar en cualquier momento. Están llegando muchos de estos vascos que están echando de los pastos a otros empresarios de ovejas.
>
> Los propietarios de ovejas afincados están considerando ahora la posibilidad de que se incluyan sus pastos en la reserva

direction du gouvernement fédéral. Désormais l'accès aux prairies des hautes montagnes durant l'été était strictement règlementé. La circulation du bétail était interdite dans les parcs nationaux mais dans la mesure où seule une petite partie des terres publiques était concernée, l'industrie de l'élevage du bétail dans son semble n'était pas affectée. L'accès aux pâturages sur le domaine national des forêts devait être déterminé par un système de répartition des terres sous la direction d'une commission constituée de propriétaires de ranch chargés de fixer les allocations. Pour obtenir la permission d'accéder à ces terres, un homme devait avoir la citoyenneté américaine et être propriétaire d'un ranch. Tout naturellement, la plupart des propriétaires de ranch soutenaient ce plan et les en-têtes des journaux locaux étaient tout à fait explicites: «Exclusion totale des bergers basques des réserves nationales.».

Par ironie, cette apparente victoire s'avéra rapidement éphémère dans la mesure où la législation fédérale aggravait en réalité le

nacional de bosques. Este es el único modo por el que se puede excluir a los vascos. Aun entonces, los ganaderos tendrán que boicotear para poder lograr algo. Los vascos pueden comprar ovejas de los ganaderos que tienen parcelas en las reservas y así conseguir instalarse en el campo abierto, reserva o no reserva. La escala y los métodos de negocio de los vascos son semejantes a los de los chinos.

En un tono semejante, un número del *Nevada Stockgrower* de 1920 cuenta:

> Los ganaderos nómadas, anterior nombre de los vascos, se hallan este año ya en el pasto de verano el veinte de marzo, hasta que una nevada temprana les ha hecho salir. Casi han colmado nuestra paciencia. Pastorean junto a las cercas ajenas. Si no se hace algo, tendremos que abandonar la trashumancia del gana-

---

problème causé par le berger «vagabond». Proscrits d'un grand nombre de prairies, les bergers itinérants se cantonnaient dans certains endroits. Un grand nombre de prairies des régions montagneuses de l'Ouest américain n'étaient pas suffisamment boisées pour faire partie du domaine national des forêts; cependant ces alpages fournissaient en été de la bonne pâture. En 1909, un journal d'Idaho, le Caldwell *Tribune,* écrivait:

> Les éleveurs de mouton du département de l'Owyhee sont assaillis par les bergers biscaïens, ou Basques comme on les appelle communément. Des problèmes pourraient surgir très prochainement. Ces Basques arrivent en grand nombre et chassent les autres bergers des prairies.
>
> A présent ces derniers veulent tenter de récupérer les pâturages qu'on leur a consignés pour le domaine forestier. C'est le seul moyen de tenir les Basques éloignés. Dans tous les

do al campo abierto. Es duro decir que un americano tiene que abandonar su negocio a causa de extranjeros . . .

Esta fue, pues, la situación durante las primeras tres décadas del siglo XX.

Para 1930 la ganadería del Oeste americano se hallaba en una situación crítica. Extensas parcelas del dominio público estaban excesivamente pastadas y la Gran Depresión económica arruinaba a muchos ganaderos tanto nómadas como establecidos. Para agravar la difícil situación, en 1934 algunas zonas del Oeste sufrieron las peores sequías de la historia. Los desesperados ganaderos de ovejas transportaron sus rebaños al oeste del Estado de Colorado en busca de auxilio. Los pastores y agricultores de Colorado, alarmados, presionaron a sus legisladores para conseguir protección. A raíz de ello, el senador federal Edward Taylor introdujo con éxito la legislación que puso los restantes terrenos públicos bajo el control de la

---

cas, les bergers devront organiser un boycottage pour obtenir satisfaction. Les Basques peuvent acheter les moutons élevés par des hommes qui versent des allocations pour avoir accès aux réserves et ainsi ils peuvent eux-mêmes s'y installer. L'échelle des moyens et des méthodes des Basques pour réussir dans les affaires va de pair avec celle des Chinois.

Dans le même genre, en 1920, une édition du journal *Nevada Stockgrower* déclarait:

> Les éleveurs vagabonds, ancien surnom des Basques, seront sur les prairies des régions montagneuses le 20 Mars de cette année jusqu'à ce que les premières neiges les en chassent. Nous sommes fatigués de les voir. Ils enfoncent les clôtures. Si l'on ne fait pas quelque chose, il nous faudra arrêter de faire de l'élevage de bétail. Il est intolérable de demander à un résident américain de cesser les affaires à cause d'un étranger . . .

oficina que llegaría a ser la Agencia de la Administración de Terrenos Públicos (Bureau of Land Management), perteneciente al Ministerio del Interior. Esta notable legislación concordaba con la idea previa de la dirección de los bosques nacionales que excluía del dominio público a los extranjeros y a los ganaderos sin terrenos. De este modo finalizó la época del pastor vasco itinerante.

Al mismo tiempo que la vieja rivalidad entre los pastores nómadas y los rancheros, resuelta a favor de estos últimos, proporcionaba un tema espectacular para los periódicos de la región, hubo otras facetas de la historia vasca en el Oeste americano. Para fines del siglo XIX, los vascos, como grupo, habían conseguido la reputación de ser los pastores mejores y más responsables y eran preferidos no sólo por los dueños vascos de ganaderías sino también por los no vascos. La imagen del vasco honrado, frugal y trabajador evocaba una admiración forzada, reflejada en los versos de C. C. Wright escritos en 1912 y publicados en un periódico de

---

Telle était la situation pendant les trente premières années du XX siècle.

Vers 1930, l'industrie de l'élevage du bétail dans l'Ouest américain était dans une situation désespérée. De grandes étendues de terre du domaine public avaient de sérieux problèmes de surabondance en pâture et la grande dépression ruinait beaucoup d'éleveurs, bergers ou fermiers. Pour ne rien arranger, en 1934, plusieurs régions du Grand Bassin subirent une des plus graves sécheresses jamais connues. Les bergers, désespérés, menèrent leurs troupeaux dans l'ouest du Colorado pour chercher de l'aide. Les propriétaires de ranch et les fermiers du Colorado, alarmés, exercèrent une pression sur leur délégation au Congrès pour qu'on les protège. De ce fait, le Sénateur Edward Taylor réussit à faire passer le projet qui soumettait le reste du domaine public au contrôle du «Bureau of Land Management», bureau faisant partie du Département de l'Intérieur. Cette législation décisive correspon-

Nevada. Su poema, titulado «Suerte vasca», reza así:

Algunos *Basquos* vinieron de España la semana pasada
y todos fueron a pastorear ovejas;
en el camino pasaron frente a unos golfos,
que les dijeron cosas rudas
sobre el país—cómo se desenvuelve—
el calamitoso fin al cual se llegará,
y cómo el hombre pobre no tiene oportunidad—
se puede ir a Hazen.*
Y repitieron varias veces ese cuento gastado por el tiempo sobre
la división de la riqueza,
cuando cada uno podía viajar buscando su bien.
Y mientras fumaban sus cigarrillos
se reían del pastoreo de ovejas

Hazen es un pueblo seco y cálido de Nevada

---

dait au premier projet formulé par la direction des forêts qui excluait du domaine public tout éleveur étranger, non propriétaire. Ainsi prenait fin l'époque des bergers basques itinérants.

Cette rivalité manifeste entre le berger-vagabond et son antagoniste, le propriétaire de ranch, comme les résolutions votées en faveur de ce dernier, ont fourni à la presse régionale matière à reportage. Pourtant, l'histoire des Basques dans l'Ouest américain comportait d'autres aspects. Vers la fin du XIX siècle, les Basques avaient la réputation d'être les meilleurs bergers et les plus dignes de confiance; les éleveurs basques ou américains les préféraient à tous. Réputés pour leur honnêteté, leur esprit économe et leur acharnement à la tâche, ils faisaient l'objet d'une sorte d'admiration contenue ainsi qu'on peut le déceler dans ces quelques vers, écrits en 1912 et parus dans un des journaux du Nevada, sous le titre de «Chance à la Basquaise». L'auteur, C. C. Wright, s'exprimait ainsi:

y deseaban, entretanto, que algún incauto
pasara por allí y les invitara a un trago.
Durante cinco años el vasco seguirá al rebaño,
y guardará hasta el último céntimo ganado,
a excepción de lo poco que gasta en ropa.
Y entonces de repente la gente se entera
que ha dejado su empleo y ha comprado un rebaño
y ha ocupado algún terreno desocupado,
y entonces los que siguen quejándose
sobre la mala suerte y el destino cruel
y se lamentan de que no tienen influencia,
ayudarán al "Basquo" a esquilar su lana.

Se tardó en llegar a la conclusión de que el pastor y el empresa-
rio vascos habían emergido como la pieza clave de la ganadería
ovina. Ya para los años veinte hubo un número excesivo de pastores

---

Des Basques venus d'Espagne la semaine dernière
s'en sont allés garder les moutons.
En chemin ils croisèrent quelques flâneurs
qui firent des remarques bien déplaisantes
sur la nation, ses dirigeants
sur les perspectives désastreuses du pauvre homme
et ses maigres chances de succès. Il pourrait tout aussi bien se
rendre à Hazen.*
Et l'on reprenait sans cesse cette plaisanterie séculaire
sur le partage des richesses de la nation,
offrant à chacun des voyages d'agrément.
Tandis qu'ils fumaient leurs cigarettes,
tous raillaient l'élevage des moutons
mais auraient aimé cependant qu'un homme désinvolte
vienne leur offrir un verre à leur table.

*Ville du Nevada où le climat y est particulièrement chaud et sec.

vascos en el Oeste americano y los desempleados aceptaron trabajos humildes o se alojaron en las numerosas pensiones vascas en espera de la llamada de algún patrón. No obstante, en esa década imperaba una política de inmigración restrictiva en Estados Unidos, y, al tratar el Congreso de impedir la llegada de las «masas apiñadas» del mundo, los inmigrantes del sur de Europa se vieron particularmente castigados. En 1924, un nuevo Decreto de Inmigración estableció la cuota anual de 131 personas para los de nacionalidad española. Esta medida redujo efectivamente la entrada legal de un número significativo de pastores de Vizcaya y Navarra, las dos regiones que proporcionaban la mayor parte de los pastores vascos en el Oeste. A los de nacionalidad francesa se les permitió una cuota más alta, pero la zona vasco-francesa, con una población que no alcanzaba los 200.000 habitantes (en comparación a unos dos millones de la zona vasco-española), era una fuente menos importante de trabajadores para la ganadería ovina norteamericana. La aboli-

---

Le Basque suivra son troupeau pendant cinq ans,
mettra chaque centime de côté
à l'exception de son nécessaire en vêtement.
Ensuite sachez qu'à la première occasion
il quittera son emploi et achètera un troupeau
qu'il mènera sur une terre inoccupée.
Les individus qui jacassent toujours
sur leur malchance et leur sort cruel,
et qui pleurent sur leur misère,
aideront peut-être le Basque à tondre ses moutons.

Peu à peu, l'on prit conscience que le berger ou l'éleveur basque avaient fait la force de l'industrie du mouton. Vers les années 1920, l'Ouest américain était probablement envahi de bergers basques et les ouvriers sans emploi acceptaient d'autres emplois modestes ou s'attardaient dans les auberges basques dans

ción de los pastores nómadas, hacia la mitad de la década de 1930, mitigó la creciente escasez de pastores, dado que los empresarios desplazados hallaron empleo en las grandes haciendas de ovejas. Sin embargo, en los años cuarenta la escasez general de mano de obra, unida a la disminución de pastores por la jubilación de algunos y el regreso a Europa de otros, precipitó una crisis seria de trabajadores. La mayoría de las empresas no tenían suficientes obreros y los ganaderos desesperados trataban de seducir a los empleados ajenos.

Los preocupados rancheros presionaron a sus legisladores con el fin de modificar los estatutos de inmigración para dispensar a los vascos de las rigurosas cuotas motivadas por sus orígenes nacionales. Inicialmente, sus esfuerzos produjeron una serie de «decretos privados», legislación individual introducida para legalizar la condición de determinados extranjeros que habían desembarcado ilegalmente y se habían dirigido a las zonas de ganaderos

l'espoir qu'un employeur viendrait éventuellement leur offrir une issue. Cependant le service de l'immigration américaine était extrêmement restrictif dans les années 20 et tenait particulièrement à réduire l'immigration des Européens du sud tandis que le Congrès cherchait à freiner l'entrée des masses de gens du monde entier. En 1924, une nouvelle loi sur l'immigration fixa le contingent espagnol à 131 individus par an. Cette mesure affecta particulièrement les bergers biscaïens et navarrais qui, à l'origine, constituaient la grande majorité des bergers basques de l'Ouest américain. Les Français furent traités de façon moins restrictive mais le Pays Basque français avec ses 200.000 habitants (à la différence du Pays Basque espagnol avec ses 2 millions d'habitants) demeurait une source de main-d'oeuvre de moindre importance pour l'industrie de l'élevage du mouton en Amérique.

La suppression des éleveurs itinérants dans les années 1930 a temporairement résolu le problème de la pénurie des bergers, dans

de ovejas. Entre 1942 y 1961 unos 383 hombres recibieron el "status" de residencia permanente gracias a los "Decretos sobre Pastores." No obstante, esta solución inestable llegó a ser un mero paliativo para la creciente escasez de mano de obra de esta industria. A fines de la década de 1940, el número de ovejas en el Oeste había decrecido en un 40%. Con su supervivencia en juego, los ganaderos de ovejas comenzaron a organizarse con el único fin de importar pastores. En 1942 dichas organizaciones emergieron en el este y oeste del Estado de Nevada. La Asociación de Ganaderos de ovejas del Estado de Wyoming también se enfrentó a este problema, al igual que la Asociación de Pastoreo de California.

En un principio, se propuso alistar pastores entre los refugiados vascos de la Guerra Civil española que residían en Méjico. Sin embargo, cuando esta táctica resultó impracticable, dirigieron sus esfuerzos hacia el Viejo Mundo. El congresista defensor de los acosados ganaderos fue Patrick McCarran, senador federal de

---

la mesure où un grand nombre d'éleveurs itinérants cherchaient à trouver un emploi chez de grands propriétaires, éleveurs de moutons. Cependant, dans les années 1940, la crise générale du personnel pendant la guerre, s'ajoutant à la diminution du nombre des bergers basques, parmi lesquels certains prenaient leur retraite et d'autres retournaient vivre en Europe, aggrava la crise dans le monde du travail dans des proportions importantes. La plupart des éleveurs étaient à court de main-d'oeuvre et les éleveurs de moutons, désespérés, se disputaient leurs employés.

Les propriétaires de ranchs, affectés par cette situation, firent pression sur leurs délégations au Congrès pour modifier les conditions d'immigration et exempter les Basques de la règlementation rigoureuse sur l'immigration. Auparavant, à force de pressions sur le Congrès, l'on pouvait passer une série de lois bien précises et créer une législation complémentaire pour légaliser le statut de certains étrangers qui avaient quitté leur pays et faisaient route vers

Nevada. McCarran tenía gran influencia en el Senado, era un ganadero de ovejas retirado y, paradójicamente, adversario declarado de una política liberal de inmigración. A pesar de esta aparente contradicción, McCarran arguyó que el pastor vasco debía recibir un trato especial.

En 1950 patrocinó con éxito el Decreto Público 587 que permitía el ingreso en el país de 250 pastores. En 1952 el Decreto Público 307 dispuso la entrada de otros 500 hombres. También autorizó a la Asociación de Pastoreo de California a reclutar pastores para todo el país, convirtiéndose así en una organización nacional. Sus oficiales eran todos ganaderos vascos ya establecidos. Con estas nuevas iniciativas se enviaron a Europa delegados a fin de conseguir pastores.

Desde el comienzo, este esfuerzo halló dificultades a ambos lados del Atlántico. Cautelosos oficiales federales estadounidenses resaltaron que el plan constituía una utilidad temporal. Antes de

---

les régions d'élevage de moutons. Entre 1942 et 1961, environ 383 hommes reçurent le statut de résident permanent grâce à «la Loi sur les Bergers». Cependant ce relâchement progressif passa pour un expédient auprès de l'industrie du mouton qui voyait la crise du personnel s'aggraver.

Aux alentours de 1940, l'effondrement des activités liées à l'élevage du mouton paraissait imminent, le nombre des brebis dans l'ouest des Etats-Unis ayant fléchi de 40 pour-cent. Voyant leur avenir en jeu, les éleveurs commencèrent à s'organiser dans le but de créer des programmes prévoyant l'augmentation de l'immigration des bergers. En 1942, des organisations de ce type se développèrent dans l'est et dans l'ouest du Nevada. De même, la «Wyoming Woolgrowers' Association» (l'Association des Eleveurs de Moutons du Wyoming) et la «California Range Association» (Association des Prairies Californiennes) soulevèrent le même problème.

que se pudiera importar a los extranjeros a alguna zona concreta, la Agencia Estatal de Empleo tuvo que certificar que no había ningún ciudadano estadounidense disponible para ese trabajo. Los candidatos serían, además, descontados de la cuota nacional de su país de origen, que en el caso español era extremadamente bajo. Por fin, estos hombres debían ser seleccionados en Europa para asegurar que tenían conocimiento del pastoreo y que gozaban de buena salud. Por su parte, las autoridades españolas insistieron en que todos los ciudadanos españoles debían ser tenidos en cuenta para esta oportunidad. Los ganaderos, reacios, ejercieron frecuentemente su derecho de rechazo cuando el solicitante resultaba ser un español no vasco.

Para 1956, 893 hombres habían entrado en los Estados Unidos con este decreto. Una década más tarde hubo 1.283 pastores contratados por la Asociación de Pastores del Oeste (WRA), organización nacional que surgió de la Asociación de Pastores de California. En

---

La solution initialement retenue était de recruter les bergers parmi les Basques résidant au Mexique, et réfugiés de la Guerre Civile d'Espagne. Lorsque cette solution fut épuisée, on s'orienta vers l'Europe. Patrick McCarran, sénateur du Nevada, délégué des éleveurs de moutons au bord de la faillite, lui-même ancien éleveur de moutons et adversaire ouvert d'une politique libérale sur l'immigration, exerça néanmoins toute son influence au Sénat afin que l'on accorde aux Basques un traitement de faveur.

En 1950 il parraina avec succès la loi d'intérêt public 587 autorisant 250 bergers à immigrer. En 1952, la loi d'intérêt public 307 autorisa l'immigration de 500 autres hommes et donna aussi la possibilité à la «California Range Association» de mettre en oeuvre un système de recrutement pour l'industrie de l'élevage, à l'échelle nationale. Ses fonctionnaires étaient tous des Basques éleveurs de moutons bien établis. Des représentants allaient en Europe chercher des bergers dans le cadre du programme.

esta época casi todas las empresas ovinas eran miembros de dicha Asociación y dependían de ella para obtener obreros. Algunos oficiales de la WRA se reunían periódicamente con los representantes de los Departamentos de Inmigración y de Trabajo de Estados Unidos y con los delegados del Gobierno español para puntualizar los detalles. Estos acuerdos establecían los salarios y las condiciones de empleo y, al mismo tiempo, fijaban la duración de la estancia de los pastores en los Estados Unidos. Dado que algunos de los primeros alistados abandonaron el pastoreo buscando nuevas tareas, los organizadores ganaderos disgustados y los oficiales estadounidenses de empleo decidieron conceder a cada pastor un visado provisional de tres años, que podía ser revocado si abandonaba el pastoreo. Al expirar su contrato les requerían para que salieran de Estados Unidos, impidiendo así que cumplieran los cinco años de residencia continuada necesarios para lograr la residencia permanente que les daba libertad para elegir cualquier

---

Dès le début, des difficultés surgirent des deux côtés de l'Atlantique. Des fonctionnaires avisés du gouvernement fédéral soulignèrent que le projet était temporaire. Avant que l'on autorise l'immigration d'étrangers dans une région précise, l'agence pour l'emploi de cette région devait prouver qu'aucun citoyen américain n'était disponible pour cet emploi. De plus, le nombre des recrues devait être déduit du contingent annuel autorisé à entrer aux Etats-Unis, contingent qui, dans le cas de l'Espagne, était extrêmement réduit. Enfin les hommes devaient être sélectionnés en Europe pour que l'on soit sûr de leurs connaissances personnelles sur l'élevage des moutons et de leur bonne santé. De leur côté, les autorités espagnoles tenaient à ce que *tout* Espagnol soit susceptible d'être qualifié pour le programme. Mais les éleveurs réticents usaient de leur droit du libre-choix pour refuser d'engager un Espagnol qui s'avérait ne pas être Basque.

Vers 1956, 893 hommes étaient autorisés à entrer aux Etats-

tipo de trabajo. Sin embargo, despues de salir de Estados Unidos podían firmar un nuevo contrato y regresar para otro período de pastoreo. Algunos pastores cumplieron tres o cuatro contratos, interrumpidos por estancias de varios meses y hasta de varios años en su tierra natal.

En conjunto, el período medio del pastoreo vasco en el Oeste americano abarcó la época entre los años treinta y la primera parte de la década de 1970. Su personaje principal era el pastor asalariado. Sus circunstancias fueron diferentes de su predecesor por el hecho de que le era casi imposible establecer su propio negocio. Su presencia en el Oeste se debía más a las difíciles circunstancias en Europa que a las favorables en los Estados Unidos. La desorganización creada por la Guerra Civil española (1936–1939), las privaciones de la Segunda Guerra Mundial (España se mantuvo neutral, pero seguía maltrecha debido a su reciente conflicto bélico) y las consecuencias económicas derivadas del aislamiento internacional

---

Unis dans le cadre du programme. Dix ans plus tard, 1283 bergers étaient sous contrat avec la «Western Range Association» (organisation nationale des éleveurs de moutons qui, au départ, était connue sous le nom de la «California Range Association»). A ce moment-là, tout éleveur de moutons des grandes prairies était membre et dépendait de cette organisation pour se procurer son personnel. Des fonctionnaires de la W.R.A. rencontraient régulièrement les représentants américains des ministères de l'immigration et du travail et les négociateurs du gouvernement espagnol pour résoudre les problèmes. Les accords définissaient les salaires, les conditions de travail et la longueur du séjour des bergers aux Etats-Unis. Après qu'un grand nombre de recrues eut abandonné l'élevage pour d'autres carrières, à la grande déception des éleveurs de moutons et des fonctionnaires américains du travail, l'on décida d'accorder à chaque berger un visa de trois ans, révocable si le berger quittait son emploi. Dès la fin de son contrat,

del Régimen de Franco durante el período inmediato de la posguerra, contribuyeron a que el sueldo del pastor fuera atrayente.

El sueldo era modesto para el nivel norteamericano, pero era atractivo en comparación con el de España. Además, estando aislado de las tentaciones de la vida urbana, tanto por la naturaleza del trabajo como por el desconocimiento de la lengua, y abastecido de alimentos por el dueño, el pastor podía ahorrar hasta 5.000 dólares durante el contrato de tres años. Esta suma era suficiente para comprar un caserío o un negocio a su regreso al País Vasco. Irónicamente, la ocupación en uno de los más humildes y peor pagados puestos de la economía norteamericana, sirvió de medio de promoción socio-económica al pastor vasco.

El acuerdo se asentaba, no obstante, en un desequilibrio acentuado entre la economía española y la norteamericana. Como tal, este arreglo era frágil y estaba destinado a tener una vida corta. Las medidas anti-franquistas retrasaron pero no pararon la recupera-

---

il devait quitter les Etats-Unis; ainsi il était exclu qu'il y réside pendant cinq années, ce qui lui aurait donné le statut de résident permanent et la liberté de se trouver un nouvel emploi. Cependant par la suite, il pouvait signer un nouveau contrat et revenir aux Etats-Unis garder les moutons. Des bergers ont été jusqu'à signer trois et même quatre contrats, entrecoupés de séjours de plusieurs mois ou de plusieurs années dans leur pays d'origine.

En somme, la seconde phase d'immigration des bergers basques dans l'Ouest américain couvrait la période allant des années 1930 au début des années 1970. Il s'agissait de bergers salariés dont les conditions de séjour se différenciaient de celles de leurs prédécesseurs par l'impossibilité dans laquelle ils se trouvaient de fonder leur propre élevage. Leur présence dans l'Ouest américain résultait davantage des mauvaises conditions en Europe que des bonnes conditions aux Etats-Unis. Le chaos causé par la Guerre Civile d'Espagne (1936–39), les privations dues à la seconde Guerre Mon-

ción económica de España. En 1970 los sueldos industriales en el país se hallaban a un nivel equivalente al sueldo de los pastores en los Estados Unidos. Además, el País Vasco era una de las regiones más industrializadas de la Península Ibérica con una de las rentas per capita más elevadas.

En consecuencia, a finales de la década de 1960 era cada vez más difícil conseguir pastores vascos para el Oeste americano. Inicialmente, la Asociación de pastores del Oeste incluyó en sus campañas de reclutamiento a otras regiones de España, aumentando el numero de asturianos, leoneses, castellanos y andaluces en las filas de pastores. A pesar de ello, en poco tiempo se hizo patente que España ya no constituía una fuente segura de mano de obra. Por lo tanto, la Asociación orientó su atención a Latinoamérica—especialmente a Méjico y a Perú.

En parte debido a la ausencia de mano de obra y también por otras dificultades, el pastoreo en el campo libre del Oeste se de-

---

diale (l'Espagne, pays neutre, était fortement éprouvée par les répercussions de son dernier conflit) et les conséquences économiques causées par la condamnation générale du gouvernement Franquiste à l'échelle internationale immédiatement après la guerre, contribuèrent à rendre les salaires des bergers attirants.

Si l'Américain trouvait le salaire du berger modeste, cela représentait néanmoins plusieurs fois le salaire moyen de l'Espagnol. De plus, éloigné des plaisirs de la ville par la nature de son travail et l'handicap de la langue, et régulièrement approvisionné par son employeur, le berger pouvait économiser jusqu'à 5000 dollars pendant les trois années de son contrat. Cela lui suffisait amplement pour acheter une petite ferme ou une affaire à son retour au Pays Basque. Paradoxalement, l'engagement du berger basque dans l'une des professions les plus basses et les plus mal payées de l'économie américaine constituait pour lui une forme de progrès socio-économique.

terioró notablemente durante la década de 1970. Los precios bajos de la lana y el cordero, el problema creciente de los animales dañinos (al ilegalizar el uso de medios venenosos de control), las luchas constantes con los ecologistas y las agencias gubernamentales (que amenazaban el acceso de los ganaderos a los terrenos públicos), causaron el descenso del número de ovejas de unos ganaderos y la bancarrota de otros.

En consecuencia, en los años setenta decrecieron tanto el número de pastores en el Oeste americano como el porcentaje de vascos en sus filas. En 1970 hubo unos 1.500 hombres contratados por la Asociación de Pastores del Oeste, de los cuales un 90%, aproximadamente, eran vascos. A finales de 1976 no quedaban más que 742 pastores, y tan sólo 106, (el 14%) eran vascos. No hay indicios de que tal situación será reversible en un futuro próximo. En realidad, todos los indicadores apuntan a la desaparición definitiva de la ganadería ovina en terreno público. Está claro que la época

---

Cependant les accords reposaient sur un profond déséquilibre entre l'économie américaine et l'économie espagnole. De ce fait les accords étaient fragiles et voués à disparaître. Les mesures contre Franco ont ralenti mais pas arrêté le processus de redressement économique en Espagne. Vers 1970, les salaires dans l'industrie du Pays Basque correspondaient à peu de chose près aux salaires des bergers aux Etats-Unis. De plus, le Pays Basque était une des régions les plus industrialisées de la Péninsule Ibérique, où le niveau des revenus par habitant était l'un des plus hauts.

Dans ces conditions, il devenait de plus en plus difficile, vers la fin des années 60, de transférer des bergers basques dans l'Ouest américain. A l'origine, la «Western Range Association» élargit ses efforts aux autres régions de l'Espagne, augmentant ainsi le nombre des Asturiens, des Léonais, des Castillans, et des Andalous parmi les bergers. Mais il apparut rapidement que la Péninsule Ibérique ne constituait plus une aire sûre pour le recrutement. Le

del pastor vasco en el Oeste americano ha pasado a la historia.

Durante más de un siglo, el vasco ha sido el pastor típico del Oeste. Empleado fiel, fue el héroe olvidado de la ganadería ovina de la zona, y, como empresario itinerante en pequeña escala, el causante de su ruina. También es cierto que hubo algunas áreas donde no se sintió o apenas se notó su presencia. En la mayor parte de Utah, el pastoreo era un asunto de familia y los mormones se valían de sus hijos para atender los rebaños. Los indios návajos desarrollaron su propia economía ovina en los extensos terrenos de las reservas. En la mayor parte del Estado de Nuevo México, los pastores eran hispánicos que llevaban un modo de vida establecido hacía varios siglos. Hubo áreas aisladas, como el condado de Lakeview en el Estado de Oregón, donde la ganadería ovina en terreno público se hallaba dominada por los irlandeses. Sin embargo, desde una amplia perspectiva regional, decir «pastor» implicaba ser «vasco». Sin duda alguna, ningún otro grupo étnico estuvo tan

---

groupement orienta donc ses regards sur l'Amérique Latine . . . c'est-à-dire le Mexique et le Pérou.

Le manque de personnel contribua fortement à la chute de l'industrie de l'élevage du mouton dans les grandes prairies de l'Ouest américain au cours des années 70. Par ailleurs, les faibles prix de la laine et des agneaux, le nombre croissant des prédateurs (que le plan fédéral interdisait d'empoisonner) et la lutte incessante contre les défenseurs de l'environnement et les agents fédéraux (qui refusaient aux éleveurs l'accès au domaine public) provoquèrent la disparition de nombreux élevages de moutons et la réduction du nombre des moutons.

Ainsi, pendant cette période, le nombre des bergers dans l'Ouest américain et le pourcentage des Basques dans l'industrie de l'élevage ont tous deux fléchi. En 1970, 1500 hommes demeuraient aux Etats-Unis sous contrat avec la «Western Range Association» et environ 90 pour-cent d'entre eux étaient Basques. Vers la fin de

estrechamente identificado con una actividad económica en particular.

Cuando los vascos entraron en el Oeste americano a mediados del siglo XIX, el pastoreo era la ocupación más humilde de la región. En palabras irónicas de un humorista:

> No podrías disparar una escopeta en un grupo en el campo sin dar con algún hombre que en algún momento ha sido pastor; pero seguramente necesitarías el disparo del segundo cañón para conseguir que lo admitiera. Casi sin excepción, la única persona que no se avergüenza de admitir que ha sido pastor es un empresario de ovejas, y se refiere a ello meramente para demostrar lo mucho que ha progresado en su vida.

Personas de todos los lugares fueron pastores de ovejas en algún momento. A mediados del siglo XIX hubo pastores chinos,

---

l'année 1976, il ne restait plus que 742 bergers et seulement 106 d'entre eux, soit 14 pour-cent, étaient Basques. Aucun signe ne prouve que la situation changera dans un avenir proche. En fait, tout nous mène à penser que le démembrement de l'industrie de l'élevage du mouton dans les grandes prairies est proche. De toute évidence, l'époque du berger basque dans l'Ouest américain est terminée.

Bref, pendant plus d'un siècle, le berger basque dans l'Ouest américain resta enfermé dans un stéréotype. Sous l'apparence de l'employé loyal, le Basque était le héros méconnu de l'industrie de l'élevage du mouton dans l'Ouest mais, en tant que berger itinérant à petite échelle, il était proscrit. Certes, dans certaines régions, sa présence était peu ou même nullement redoutée. L'élevage en Utah était, dans la plupart des cas, une entreprise familiale où les anciens faisaient appel à leurs fils pour garder les troupeaux. Les Indiens Navaho créèrent leur propre élevage de mouton sur les vastes terres

dado que era una de las pocas ocupaciones que se les permitía de buena gana. El pastoreo proporcionaba a indios y mejicanos tanto un medio de inserción en la sociedad como un símbolo de su condición social de inferioridad. Para los angloamericanos, el cuidado de las ovejas era el último recurso. La tienda del pastor llegó a ser el refugio del individuo fracasado, el lugar de descanso del alcohólico, el escondite del malhechor, un purgatorio impuesto a sí mismo para el masoquista, un escape para el introvertido. Para muchos representaba el último recurso contra el vagabundeo errante. Ocasionalmente, algún emigrante griego, italiano o portugués siguió la senda del rebaño con el fin de establecer una primera base en el nuevo país antes de cambiar a una vida más sedentaria. Sólo los vascos llegaron a considerar el pastoreo como medio de progreso.

La pregunta inevitable es: ¿por qué precisamente los vascos? La respuesta fácil hace referencia a una supuesta estrecha relación

---

des réserves. Au Nouveau Mexique, la plupart des bergers étaient d'origine hispanique et restaient attachés à un mode de vie traditionnel introduit plusieurs siècles auparavant. Se distinguaient ensuite les petites régions comme celles du Lakeview County, de l'Orégon, où les activités du mouton étaient assurées par des Irlandais. Cependant, à l'échelle régionale, le mot «berger» était spontanément associé à celui de «Basque». Il aurait été difficile de trouver un autre groupe ethnique aussi fortement assimilé à un secteur d'activité.

Lorsque les Basques arrivèrent dans l'Ouest américain vers la moitié du XIX siècle, l'activité du berger était la plus dénigrée. On lit dans un récit plein d'humour:

Vous n'auriez pas pu tirer (au fusil) sur un groupe de gens de condition moyenne dans la région des prairies, sans atteindre un homme qui, à un moment de sa vie, n'aurait pas eu à garder

con la cría de ovejas en el País Vasco. Desgraciadamente, semejante explicación no es del todo exacta, aunque sea lógica en apariencia. La cría de ovejas en el Pirineo vasco ha descendido notablemente en el último siglo. El hecho de que pocos de los pastores profesionales del País Vasco decidieron emigrar, es aún más significativo. Por tanto, la mayoría de los vascos que vinieron al Oeste americano carecían de experiencia personal en el pastoreo.

Mucha mayor importancia tiene la tendencia vasca a trabajar con ardor, su dedicación a la tarea y su actividad empresarial. Dentro de la sociedad vasca, el trabajo manual es más apreciado que la actividad intelectual. El valor personal del hombre viene determinado por su dedicación a la ocupación elegida, que a su vez está avalada por el progreso económico.

Teniendo en cuenta lo anterior, es fácil alabar al pastor vasco. Hoy la prensa popular le retrata como un ser que poseía una capacidad casi mística para soportar la soledad y las privaciones de la vida

---

des moutons, mais pour le lui faire admettre, il aurait fallu lui mettre le fusil sous la gorge. Le seul homme qui n'ait pas honte de l'admettre, c'est l'éleveur de mouton et il en parle tout simplement pour montrer combien il a prospéré.

Des gens de toute catégorie professionnelle ont, à un moment donné de leur vie, gardé des moutons. Au XIX siècle, les bergers étaient chinois car c'était l'une des seules professions qui leur étaient ouvertes. Les Indiens et les Mexicains gardèrent aussi des moutons, profession marquant le début de leur assimilation et symbole de leur infériorité sociale. Ce n'est qu'en dernier ressort que l'on faisait appel aux Anglais pour garder les troupeaux. Le camp du berger devint le refuge du bon à rien, le coin tranquille de l'alcoolique, la cachette du hors-la-loi, le purgatoire du masochiste et le moyen d'évasion du solitaire. Pour beaucoup, c'était la voie ultime pour refuser leur condition de vagabond. De temps en

en el campo. Esto es privarle de su derecho a la debilidad humana. La realidad es que muchos pastores vascos fracasaron y abandonaron sus tiendas. Los que persistieron tuvieron éxito, pero pagaron un alto precio psicológico. Muchos pastores narran que se dormían por la noche llorando ante la soledad implacable del desierto y la montaña. Entonces también existía el peligro, siempre presente, del hombre que se acoplaba demasiado bien a sus circunstancias. Los vascos tienen un término para el individuo que se ha vuelto «ovejado», hasto tal punto que evita el contacto humano. El "vasco trastornado" y el suicidio ocasional eran peculiaridades de las zonas de pastoreo. Otros pastores murieron en sus puestos al no poder ser atendidos en alguna enfermedad o tratados de las morderduras de culebras venenosas, o congelados en una tempestad de nieve. Ya en 1908, los vascos de Boise formaron una sociedad de socorros mutuos para atender a individuos trastornados mentalmente o quebrantados físicamente, proporcionándoles el billete de

---

temps, un immigrant grec, italien ou portuguais suivait les troupeaux de moutons pour se fixer dans le nouveau monde, avant de poursuivre son chemin et mener une vie plus sédentaire. Seuls les Basques considéraient leur condition de berger comme une forme de promotion.

Pourquoi les Basques? L'explication la plus facile consiste à mettre en avant leur prétendue aisance à élever des moutons dans le vieux monde. Malheureusement, cette explication, bien qu'apparemment logique, n'est pas tout à fait exacte. L'élevage des moutons dans les Pyrénées a sérieusement régressé au siècle dernier. Plus révélateur encore, peu de bergers expérimentés du vieux monde ont décidé d'émigrer. Ainsi la majorité des Basques immigrants de l'Ouest américain manquaient d'expérience dans l'élevage des moutons.

Ou encore, les Basques étaient des gens travailleurs, dévoués à la tâche et doués d'un esprit d'entreprise. Au Pays Basque, le travail

regreso a su tierra natal.

Además, el hecho de ensalzar al pastor próspero que convirtió sus horas de sacrificio en algo mejor, supone ignorar a otros muchos para los cuales el trabajo resultó ser un callejón sin salida. Bien sea un fiel empleado que consumió toda su juventud en el servicio a una empresa o bien el descontento que pasó de un patrón a otro, el pastor que nunca abandonó las tiendas renunció a la comodidad de la vida familiar y prácticamente se condenó a una vejez solitaria. Para tales hombres, los infrecuentes viajes al pueblo llegaron a ser su único alivio; una ocasión para malgastar el sueldo de todo el año en licor, juego y prostitución. Ciertamente, los éxitos de algunos encubren las tragedias personales de otros muchos.

En suma, la saga de los *artzainak* o pastores vascos es la historia de uno de los artífices principales de la colonización y la economía del Oeste americano. A pesar de ello, resulta extraño que hasta el presente la vida de estos pioneros sea casi desconocida. Mientras

---

manuel était bien mieux considéré que l'activité intellectuelle. L'acharnement au travail démontrait les qualités d'un homme et expliquait son succès économique.

Compte tenu de ces antécédents historiques, il est facile de magnifier la figure du berger basque. Aujourd'hui, la presse souligne son aptitude mystique à vivre dans la solitude et la privation des grandes prairies. C'est pour ne pas succomber à la faiblesse humaine. La vérité, c'est que beaucoup de bergers basques ne purent s'adapter et quittèrent les campements. Ceux qui persévéraient réussissaient mais au prix de grands problèmes psychologiques. Beaucoup de bergers se souviennent des nuits où ils s'endormaient en pleurant dans la solitude implacable du désert et des montagnes. Le risque existait, par contre, de trop bien s'adapter à ces conditions. Les Basques ont créé tout un vocabulaire pour définir l'homme qui s'est complètement habitué à la nature au point d'éviter tout contact humain. Le «Fou des montagnes», de

los vascos estaban presentes en todas las comarcas de cría de ovejas de los once Estados del Oeste, la naturaleza de su trabajo impedía la agrupación de muchos de ellos. En ningún lugar llegaron a constituir una mayoría (ni siquiera una minoría significativa) de la población total. Por eso, incluso en áreas de considerable población vasca, muchos de sus vecinos anglosajones apenas notaban su presencia.

Además, la vida del pastor evolucionó al margen del conocimiento público. Dedicado a una ocupación menospreciada en la soledad de zonas casi deshabitadas, hasta hace poco tiempo el pastor vasco rara vez atrajo la atención del periodista—y aun así sólo de una manera superficial y negativa. Del mismo modo, los propios vascos eran reacios a escribir la crónica de sus actividades o a crear su propio portavoz literario. Salidos de aldeas, los pastores eran a menudo casi analfabetos. Pocos de ellos reconocían en sus luchas cotidianas en el Oeste una historia que mereciese ser relata-

---

même que le suicide, étaient propres aux régions d'élevage des moutons. D'autres bergers sont morts à leur poste, négligés quand ils étaient malades, sans soins quand ils étaient mordus par un serpent ou gelés quand ils étaient pris dans une tempête de neige. Dès 1908, des bergers de Boise créèrent une mutuelle pour faciliter le rapatriement des Basques physiquement ou mentalement handicapés.

De plus, à trop insister sur le succès du berger qui, par ses sacrifices, a bien prospéré, l'on ignore totalement tous ceux qui n'ont rien gagné dans la profession. Qu'il s'agisse d'un employé loyal qui a passé toute sa vie au service d'un éleveur ou d'un insatisfait qui a travaillé pour plusieurs éleveurs, le berger qui n'a jamais quitté son campement a renoncé aux conforts de la vie familiale et s'est pratiquement assuré une vieillesse dans la solitude. Car ses rares visites en ville devinrent sa seule récompense; l'occasion de dépenser un an de salaire dans la boisson, le jeu et le

da. El primer relato completo de la existencia del pastor vasco
apareció en 1957, cuando el vasco-americano Robert Laxalt publicó
la biografía de su padre: *Sweet Promised Land* (La dulce tierra de
promisión).

A esta miopía general se puede añadir la confusión sobre la
cuestión de qué es un vasco. Durante mucho tiempo los vascos han
sido contemplados como el pueblo misterioso de Europa, que habla
una lengua sin parentesco y conserva un fuerte sentido de su
identidad. Imbuídos de orgullo étnico, la mayoría de los pastores se
negaron a ser considerados «franceses o españoles», mientras que
el norteamericano no iniciado, acostumbrado a pensar en términos
de Estados, difícilmente podía localizar el «País Vasco» en su mapa
mental de la geografía europea.

Finalmente, los mismos vascos no manifestaban públicamente
sus peculiaridades étnicas. Como quiera que los conflictos de de-
rechos de terrenos les hicieran objeto de odio y discriminación, los

---

plaisir. En bref, le succès d'une minorité de Basques cache l'échec
de la majorité d'entre eux.

Ainsi la saga des «Artzainak» où le berger basque est le prin-
cipal acteur de la colonisation et du développement économique de
l'Ouest américain. Pourtant on peut s'étonner de constater que l'on
connaît mal encore aujourd'hui ces pionniers. Bien que se trouvant
dans les grandes prairies d'élevage du mouton des onze Etats de
l'Ouest, la nature de leur profession rendait impossible la colonisa-
tion de ces terres. En aucun cas, il n'ont pu constituer la majorité (ou
même une importante minorité) de la population totale. Ainsi,
même dans les régions où beaucoup de Basques s'installèrent, un
grand nombre de leurs voisins anglais étaient à peine au courant de
leur présence.

De plus, la vie dans les camps de bergers se déroulait en marge
de la conscience publique. A la recherche d'un emploi discrédité,
isolé dans des régions peu peuplées, le berger basque attira rare-

vascos tendían a disminuir su singularidad étnica. Tan sólo en los últimos años, después de que el "Taylor Grazing Act" abolió de hecho al pastor itinerante como causa de controversia, se han atrevido a exhibir en público su herencia. Los espectaculares festivales vascos, celebrados en muchas comunidades del Oeste americano, son de reciente creación. Como tales, representan parte de la creciente tendencia general en Norteamérica a celebrar las «raíces étnicas» de cada uno.

---

ment l'attention des journalistes si ce n'est d'une façon négative ou superficielle. De leur côté, les Basques hésitaient à faire part de leurs expériences et à trouver leur propre porte-parole. Originaires du monde rural, les bergers étaient tout au plus semi-lettrés. Très peu d'entre eux pensaient que leurs luttes dans l'Ouest américain méritaient d'être racontées. Ce n'est qu'en 1957, à la suite de la publication par un Basque américain, Robert Laxalt, de la biographie de son père dans un roman intitulé, «Mon père était berger», que parurent de nombreux récits sur la vie des bergers.

A cette méconnaissance générale de la vie du berger s'ajoute la confusion sur la question des «Basques». Les Basques, depuis longtemps, ont été considérés comme le peuple mystérieux de l'Europe; ils parlaient une langue dont l'origine n'avait rien en commun avec les autres langues et tenaient à préserver leurs originalités. La plupart des bergers, fiers de leurs origines basques, refusaient d'être considérés comme Français ou Espagnols et les Américains non initiés, habitués à s'exprimer en termes de nationalité, avaient du mal à se représenter un «Pays Basque» sur la carte de l'Europe.

Enfin les Basques restaient discrets sur leurs origines. Comme les conflits sur les droits sur les prairies suscitaient des sentiments de haine et de discrimination à leur égard, ils étaient enclins à minimiser leur unicité ethnique. Ce n'est que durant ces dernières années, après que la Loi Taylor sur la règlementation du domaine

public eût interdit son accès au berger itinérant—problème à l'ori-
gine de toute la polémique sur les prairies—que le Basque manifes-
ta publiquement sa spécificité. Les fêtes basques spectaculaires, qui
se déroulent aujourd'hui dans un grand nombre de villes de l'Ouest
américain, ont été instituées récemment. Cela s'intègre dans la
tendance générale et grandissante de l'Amérique à célébrer ses
«racines».

Pastoreo y trashumancia

Gracias a las películas de Hollywood y a las novelas vulgares, se conoce mucho de los ranchos de ganado vacuno en el Oeste. Sin duda alguna, no existe una figura más idealizada en la mitología de la región que la del *cowboy* o vaquero. En cambio, el ganadero de ovejas y el pastor se mantienen como personajes oscuros, rara vez representados, y, cuando aparecen retratados, por regla general es de forma negativa. ¿Quién no ha oído hablar de las guerras en el campo abierto entre los vaqueros y los pastores?

Comment garder et conduire un troupeau

Grâce aux films hollywoodiens et aux romans de quatre sous, on a appris comment se déroule l'élevage du bétail dans l'Ouest américain. A cet égard, le personnage le plus «romantique» dans la mythologie de la région demeure le «Cowboy». Réciproquement, l'éleveur de moutons et le berger restent des personnages flous, rarement dépeints si ce n'est d'une façon généralement négative. Qui ne connaît les guerres entre les bouviers et les bergers sur les grandes prairies!

En dépit de toute considération littéraire, la réalité historique à

A pesar de las consideraciones literarias, la realidad histórica de la colonización del Oeste americano fue mucho más compleja. Hubo, sin duda, algunas importantes confrontaciones, como la «Guerra del Condado de Johnson» en el Estado de Wyoming; pero fue debido a la repetición de estos hechos como surgió la impresión de antipatía general. La verdad es que en la mayoría de las áreas los ganaderos de vacas y de ovejas establecidos (en oposición al pastor vagabundo) llegaron a aceptarse mutuamente. En función del fluctuante mercado, algunos empresarios mantenían ganado vacuno u ovino y periódicamente convertían sus esfuerzos del uno al otro. Si la distinción entre los diferentes tipos de ganaderías era algo confuso, la cría de vacas y ovejas representaban maneras muy distintas de explotar el campo disponible. En buena parte, las diferencias provenían del propio carácter de los animales. El ganado vacuno tiene un mínimo instinto de agruparse en manada y, en consecuencia, debe ser controlado y tratado con dureza. Si sus movimientos

---

propos de la colonisation de l'Ouest américain était beaucoup plus compliquée. Certes, d'importantes confrontations telles que «la Guerre dans le comté de Johnson dans le Wyoming» se déroulaient mais elles ne servaient qu'à accentuer cette atmosphère générale d'antipathie. En réalité, dans la plupart des régions, les éleveurs de bétail ou de moutons (par opposition aux bergers vagabonds) sont arrivés à un compromis. Selon les changements dans le marché, des éleveurs se consacraient à l'élevage des boeufs et des moutons ou passaient de temps en temps de l'élevage des boeufs à l'élevage des moutons et vice-versa.

Si la différence entre les types de ranch était quelque peu floue, les éleveurs de boeufs et de moutons utilisaient des techniques différentes pour exploiter les prairies disponibles. Ces différences tenaient en grande partie à la nature des animaux. Les bovins ne savent pas rester groupés; il faut donc les surveiller en permanence, plutôt que les cajoler. Si l'on ne délimite pas leur domaine par des

no son restringidos por millas de alambre de púas, es probable que se dispersen demasiado. Si es necesario hacerles caminar de un lugar a otro, hacen falta varios vaqueros a caballo para agrupar y mantener la manada unida.

El pastoreo es un arte más sutil que se basa en un entendimiento ingenioso entre el hombre, los perros y el rebaño. Dadas las tendencias gregarias de las ovejas, un solo pastor hábil y su perro pueden controlar hasta dos mil animales sin ayuda de los cercados. Las ovejas son también mucho más delicadas que las vacas. Su vulnerabilidad a ser cazadas por coyotes y por leones de monte, les hace depender totalmente de la protección humana.

La «movilidad» es la palabra adecuada que describe la esencia de la cría de ovejas en campo abierto. El rebaño de dos mil cabezas debe ser mudado constantemente para que no se agoten sus pastos. Por eso, al conducir su rebaño una milla o dos del lugar donde ha pernoctado al pasto de ese día o al guiarle a pie a través de docenas

clôtures de fil barbelé, ils peuvent s'éparpiller de façon excessive. Pour conduire les vaches d'un endroit à un autre, plusieurs cowboys à cheval sont nécessaires pour grouper le bétail et ensuite garder le troupeau réuni.

L'élevage du mouton est un art subtil qui repose sur l'entente entre l'homme, ses chiens et le troupeau. La tendance naturelle des moutons étant de rester groupés, un seul berger expérimenté et un seul chien suffisent à contrôler jusqu'à 2000 têtes sans avoir besoin de clôture. De même, les moutons étant beaucoup plus faibles que les bovins, leur vulnérabilité face aux prédateurs tels que les coyotes et les couguars les rend particulièrement dépendants de l'homme.

Le terme de «mobilité» traduit l'aspect fondamental de l'élevage des moutons dans les grandes prairies. Le troupeau de 2000 têtes doit constamment se déplacer s'il ne veut pas épuiser la pâture. Pour cette raison, qu'il conduise son troupeau au pâturage à

(o hasta cientos) de millas entre los pastos estivales e invernales de la empresa, el pastor está en un estado de "mudanza" casi a diario. A este respecto, el pastor vasco tiene más en común con el beduino nómada del desierto que con el vaquero norteamericano.

Como en todas las ocupaciones, hay hombres con una habilidad especial para el oficio, mientras que otros nunca llegan a captar los detalles sutiles. Pastores con experiencia afirman que cada rebaño tiene sus propias características que deben ser tenidas en cuenta para poder prestar el control más efectivo. El buen pastor aprende a anticiparse al ritmo natural de un rebaño, consiguiendo suavemente sus propósitos sobre los movimientos de la manada. La destreza implica que los animales nunca se hallen tan amontonados como para pisotear el pasto bajo las patas. El empleo excesivo de los perros pone nerviosas a las ovejas y les hace difíciles de controlar. Acosadas por los perros, probablemente se retirarán de sus pastos, afectando de esta forma al aumento de peso de los corderos. El

---

deux ou trois kilomètres du campement ou qu'il mène son troupeau des prairies du sud en hiver vers les montagnes en été pendant des dizaines (ou même des centaines) de kilomètres, le berger est presque continuellement «sur les chemins». A cet égard, le berger basque ressemble plus au bédouin nomade du désert qu'au cowboy américain.

Comme dans toute profession, certains hommes étaient particulièrement doués pour l'emploi et d'autres n'en percevaient pas les caractères. Des bergers expérimentés disent que chaque troupeau de moutons a ses propres caractéristiques que le berger doit connaître afin de bien le diriger. Le bon berger apprend à prévoir les réactions de son troupeau et à modifier à son gré sa direction. Pour pouvoir bien diriger un troupeau, les animaux ne doivent jamais rester serrés les uns contre les autres pour ne pas piétiner la pâture. L'usage excessif des chiens rend le troupeau nerveux et difficile à contrôler. Les moutons obstinés pourraient

orgullo del pastor está en juego cuando sus corderos son transporta-
dos al mercado en otoño. Las básculas de transporte miden tanto la
habilidad de cada pastor como las ganancias anuales de la empresa.
La fama de cada uno cuelga de la balanza al competir los hombres en
la producción de los corderos más pesados.

---

bouder leur pâture, ce qui affecterait l'accroissement du poids des
agneaux. La fierté d'un homme est en jeu quand ses agneaux sont
pesés et expédiés sur le marché en automne. Leur poids en chiffres
compte plus que le profit annuel de l'éleveur et évalue aussi les
capacités du berger. Sa réputation se joue sur la balance; chaque
homme essaie de concurrencer l'autre en élevant le plus bel agneau.

La vida del pastor

El visitante ocasional al campamento del pastor siente que ha regresado al pasado y ha entrado en la época agreste del Oeste americano—un mundo habitado por hombres solitarios con raídos pantalones de vaquero y botas desgastadas que viven una existencia verdaderamente espartana. Ya sea en las tiendas de verano rodeadas de un paisaje montañoso y espectacular, ya en el vivac de invierno en los extensos e ilimitados desiertos, la casa del pastor es un reto muy débil frente a la supremacía de la naturaleza inconquistada.

El vaquero, el otro habitante humano del campo abierto, regresa normalmente al final del día a la estable barraca o cabaña para

La vie dans les camps de berger

Le voyageur de passage dans un camp de bergers a l'impression de reculer dans le temps et de vivre à l'époque sauvage de l'Ouest américain, où les hommes solitaires, vêtus de jeans usés et de bottes éculées, vivaient en spartiates. Dans un camp, en été, au milieu d'un paysage grandiose de montagne ou dans un bivouac en hiver sur les étendues apparemment illimitées du désert, le «foyer» du berger ne constitue qu'un petit défi à la suprématie du désert.

Le cowboy, cet autre habitant des grandes prairies, retourne

gozar de la seguridad de un refugio permanente. La protección del pastor, por el contrario, es la envoltura de lona de su saco estirado bajo la cubierta de una tienda o un carro.

La «movilidad» es el lema, ya que todo tiene que ser mudado con frecuencia para que el guardián del rebaño nunca esté lejos de sus responsabilidades. En consecuencia, el equipo se reduce a las necesidades más perentorias—unas pocas provisiones y utensilios, una muda, un rifle, una silla de montar y arneses.

Sin embargo, es un poco engañosa la impresión de que la vida en tienda de campaña del pastor vasco ha cambiado poco en el último siglo. Antes, el pastor podría pasar varias semanas sin ver a ningún ser humano, mudando su tienda sobre un burro. Hoy, es más probable que el pastor moderno sea abastecido cada cuatro o cinco días por un campero que emplea una camioneta para cambiar su equipo al siguiente lugar. La vida mecanizada hace posible que su dieta diaria incluya carne variada, comida enlatada y legumbres

---

habituellement tous les jours dans sa cabane ou sa hutte pour s'y trouver en totale sécurité. Quant au berger, il se réfugie dans le cocon de tissu de son sac de couchage étalé sous une tente ou une charrette.

Tout doit être transportable car tout doit être régulièrement déplacé de façon à ce que le berger ne soit jamais trop éloigné de son troupeau. L'équipement du berger est donc limité au strict nécessaire . . . quelques provisions et ustensiles de cuisine, des vêtements de rechange, un fusil, une selle.

Cependant il serait faux de penser que la vie de camp du berger basque a très peu changé au cours de ce siècle. Dans le passé, un berger pouvait aller de l'avant pendant des semaines sans rencontrer âme qui vive, chargeant ses affaires sur le dos d'un âne. Aujourd'hui le berger peut facilement être réapprovisionné tous les quatre ou cinq jours par le responsable du ravitaillement des camps, qui utilise une camionnette pour transporter les affaires personnelles

frescas con alguna bebida no alcohólica o vino. Esto está lejos de los días en que el alimento del pastor consistía en pan, alubias, fruta seca, cordero y café.

Incluso la sensación de aislamiento está hoy día paliada por la radio, con la cual puede escuchar transmisiones en castellano y, en algunas partes del Oeste americano, en vascuence. Además, las mejoras en el sistema educacional vasco en Europa hace que el pastor actual sea más culto que su predecesor. Consecuentemente, manda y recibe cartas y es probable que tenga algunos periódicos, revistas o novelas y hasta libros de poesía escritos en vascuence y castellano. Existe también el pastor ocasional con su casette de cintas magnetofónicas, que se esfuerza diariamente en aprender una lección de inglés.

Estos cambios, aunque no sean particularmente drásticos para el visitante, crean en los pastores veteranos una actitud de desprecio hacia los grupos actuales y les descartan como advenedizos

---

du berger d'un camp à un autre. Cette vie, à présent motorisée, rend possible l'approvisionnement journalier en viande, en boîtes de conserve et en légumes frais accompagnés de boissons gazeuses et de vin. Cette nouvelle organisation de la vie du berger diffère de celle d'autrefois où le berger ne se nourrissait que de pain, de haricots, de fruits secs, de mouton et de café.

L'isolement du berger est maintenant limité par l'usage de la radio qui émet des programmes en espagnol et, dans certaines parties de l'Ouest américain, en basque. De plus, l'amélioration du système éducatif au Pays Basque a fait du berger de ces dernières années un homme plus lettré que ses prédécesseurs. C'est pourquoi il entretient une correspondance régulière et reçoit probablement des journaux basques et espagnols, des revues, des romans célèbres et même un recueil de poèmes. A l'occasion, on peut voir aussi un berger s'efforcer d'écouter tous les jours des leçons d'anglais sur son appareil à cassettes.

mimados que nunca han vivido verdaderamente las privaciones del pastoreo. En algún pequeño rincón del cielo de los pastores, los veteranos se reunen para manifestar su desaprobación, seguramente con una envidia considerable.

Todavía, a pesar de los "adelantos" modernos, el pastor de hoy sigue viviendo su vida a caballo al límite de sus posibilidades físicas y psicológicas. Mientras es posible enumerar los peligros perceptibles que amenazan al rebaño y a su guardián—sequías, tormentas de nieve, depredadores, picaduras de culebras venenosas, accidentes y enfermedades—, el adversario principal del pastor es el peso menos tangible del aburrimiento absoluto. La mayoría de los hombres sometidos a la suerte de los pastores se ha negado el placer inmediato en favor de metas personales a largo plazo. Verdaderamente, en un sentido están «invirtiendo su tiempo», y el tiempo en la soledad del campo abierto pesa duramente en el alma. Los pastores hablan a veces de la necesidad de retrasar el esfuerzo

---

Les changements, bien qu'ils ne soient pas particulièrement spectaculaires pour celui qui n'est pas du métier, ont poussé les vieux bergers à mépriser les jeunes, les considérant comme des néophytes choyés qui n'ont jamais vraiment connu les privations de la vie de berger. Dans un coin retiré de leur «Paradis,» les vieux bergers se retrouvent pour évoquer ces divergences, probablement avec un soupçon de jalousie.

Pourtant, en dépit des «commodités» qui lui sont offertes, le berger d'aujourd'hui continue de mener une vie de solitaire dans d'immenses territoires où ses problèmes psychologiques ne cessent de s'aggraver. Alors qu'il est facile de répertorier les dangers réels qui menacent le troupeau de moutons et son berger, dangers tels que les sécheresses, les tempêtes de neige, les prédateurs, les morsures de serpent, les accidents et les maladies, le premier adversaire du berger demeure l'ennui, danger qu'il peut à peine percevoir. La plupart des hommes soumis à ce mode de vie se sont refusés à vivre

mental a fin de evitar que se amarguen o se vuelvan ansiosos al contemplar el curso aparentemente interminable de los meses o los años que restan de su contrato. Algunos llevan calendarios para ir eliminando los días, como un condenado en su celda de la cárcel; otros prefieren olvidarse de la marcha del tiempo, limitando su percepción al pequeño mundo de las responsabilidades de cada día y al ámbito mayor de la actividad del ciclo anual. La contemplación de un verano en las altas montañas llega a ser mucho más apropiada (y tolerable) que la fijación sobre un día concreto de agosto.

Al carecer de la intimidad de un contacto humano frecuente, el pastor desarrolla una relación especial con sus animales que es incomprensible para un hombre de la ciudad. En lugar de gritar a su caballo, perro o rebaño de ovejas, es mucho más probable que converse con ellos, compartiendo el plan y pidiendo su cooperación. El manejo eficiente de un rebaño requiere la solidaridad entre el hombre y los animales, un equilibrio no fácil de conseguir. Se

---

dans l'aisance afin de mener leurs projets à bien. S'ils meublent le temps, celui-ci pèse néanmoins lourd dans le coeur d'un homme dans la solitude des vastes prairies. Les bergers ressentent quelques fois la nécessité de ralentir le processus s'opérant dans leur esprit, de façon à ne pas céder à l'amertume et à l'angoisse devant les interminables mois et années qui leur restent à faire pour honorer leurs contrats. Quelques-uns ont un calendrier où ils barrent les jours, un peu comme le prisonnier dans sa cellule; d'autres préfèrent perdre toute notion du temps, conscients des jours qui passent grâce aux tâches journalières et aux activités successives tout au long de l'année. Il est plus tolérable de penser à l'été en général dans les régions des montagnes que de fixer les yeux sur un jour particulier du mois d'août.

Dépourvu de toute régularité dans ses rapports intimes avec les êtres humains, le berger développe un type de relation avec les animaux que le citadin peut à peine comprendre. Plutôt que de

sabe que algunos pastores han abandonado el trabajo cuando su dueño les había informado que iban a ser transferidos a otro rebaño. Es igualmente inconcebible quitarle su perro sin contar con su aprobación.

El pastor tiene otros trucos a su disposición al intentar mantenerse cuerdo. Generaciones de pastores vascos han hecho constar su presencia de una manera perdurable en los campos del Oeste. En las altas montañas frecuentadas en verano, la tienda es colocada normalmente al lado de los riachuelos agraciados con bosques de álamos. Con el paso del tiempo estos bosques se han convertido en verdaderas galerías vivientes de imágenes y mensajes al hacer constar los pastores sucesivos su presencia marcando la corteza de los árboles jóvenes con su cuchillo. Al crecer el árbol, la expansión del tronco revela las intenciones del artista. Del mismo modo no es infrecuente que el pastor construya unos pilares de piedra en las yermas lomas azotadas por el viento. En vascuence se les llama

---

s'adresser à son cheval, à son chien et à son troupeau en criant, il essaiera probablement de parler avec eux, de partager leurs projets et de susciter leur coopération. La bonne conduite d'un troupeau nécessite un travail d'équipe entre l'homme et les animaux, équilibre difficile à réaliser. Des bergers ont même quitté leur emploi lorsque leurs employeurs leur ont annoncé qu'ils seraient à la tête d'un autre troupeau. De même, il est impensable de séparer le berger de son chien si cc n'est à la demande du berger.

Le berger dispose d'autres passe-temps s'il veut préserver sa santé mentale. Des générations de bergers basques ont marqué leur présence sur les grandes prairies de l'Ouest de façon durable. Dans les hauteurs des montagnes en été, le berger établit habituellement son camp à proximité des cours d'eau, bordés de tremblaies. Avec le temps, ces arbres sont devenus de véritables musées de sculpture où les tableaux et les messages vivants des bergers témoignent de leurs passages successifs. A mesurc que l'arbre grandit, le dé-

harrimutilak o «muchachos de piedra». De esa manera el pastor vasco humaniza lo que de otra forma sería un ambiente inexorablemente salvaje. Así, al pasear por el bosque de álamos o al contemplar el monumento de piedra, se hace la ilusión de no estar solo. Más bien, a pesar de su soledad, el hombre puede convivir con los fantasmas de las pasadas generaciones y gozar de un mínimo sentido de finalidad al dejar su propia marca como legado para pastores venideros.

---

veloppement du tronc met en relief l'oeuvre de l'artiste. De même, sur les arêtes arides et venteuses des montagnes, le berger amasse souvent un tas de pierres que le Basque appelle les «harrimutilak» (ou «les hommes de pierre»).

De cette manière, le berger basque civilise cet environnement naturel qui, sans cela, serait dans un état impitoyablement primitif. Ainsi en se promenant sous les tremblaies, ou en fixant son regard sur un monument de pierre, il se donne l'illusion de ne pas être seul. Ou plutôt, en dépit de sa solitude, un homme peut communiquer avec les fantômes des générations passées et se créer un but en laissant ses propres traces, héritage de son passage pour les futures générations de bergers.

Parición, esquilo y transporte del ganado al mercado

La vida del pastor está dominada por un ciclo anual de actividades. Sin embargo, su año no comienza con la constatación del primer día de enero, ni está jalonado por el transcurso de cada uno de los meses, ni siquiera por las cuatro estaciones del año. Más bien, el ciclo comienza realmente con la renovación del rebaño,

---

L'agnelage, la tonte et l'expédition des moutons

La vie du berger est réglée par le cycle annuel des différentes activités. Cependant, pour lui, l'année ne commence pas le premier janvier et n'est pas marquée par le passage successif des mois et des saisons. En fait, le cycle commence approximativement par le renouvellement du troupeau lorsque les brebis sont pleines à la fin du mois d'avril et au mois de mai. Peu après, les femelles sont tondues et marquées au fer rouge tandis que leur progéniture est griffée et castrée. Le berger mène ensuite son

cuando las ovejas paren sus corderos a fines de abril o en mayo. Poco tiempo después, las madres son esquiladas y marcadas con el distintivo del dueño, mientras marcan, castran y cortan los rabos a sus corderos. Los pastores les conducen entonces a las altas montañas, donde el rebaño se alimenta de los pastos durante todo el verano y parte del otoño. Se les mantiene en los frondosos pastos de la montaña hasta que la disminución de la comida o la amenaza del mal tiempo obligan al pastor a buscar el abrigo de las colinas y del desierto.

Al serpentear hacia el campo de invierno, se juntan dos rebaños de verano en uno solo. Las ovejas pasan por un punto de control, localizado en el rancho principal o en corrales del contorno que son fácilmente accesibles por carretera. Allí las ovejas y los corderos son separados y algunas hembras de año son retenidas como sustitutas. Las ovejas viejas, consideradas infecundas o demasiado mayores para sobrevivir otro año más en el desierto, todos

---

troupeau sur les hauteurs où les moutons passent tout l'été et une partie de l'automne à paître. Le berger laisse les moutons dans les hauts pâturages luxuriants jusqu'à ce que la pâture moins abondante ou la menace du mauvais temps le forcent à chercher un abri au pied des montagnes ou dans le désert.

A mesure qu'ils s'acheminent vers les grandes prairies pour passer l'hiver, les deux troupeaux sont regroupés pour n'en former qu'un seul. Les moutons passent au point de contrôle, soit au ranch, soit dans des corrals éloignés, facilement accessibles par la route. Les brebis et les agneaux sont triés et quelques jeunes brebis sont mises de côté au cas où l'on aurait besoin d'en remplacer. Les vieilles brebis que l'on pense stériles ou trop vieilles pour passer un autre hiver dans le désert, les moutons et les jeunes brebis en excédent sont mis sur le marché.

Vers le mois de décembre, les béliers (gardés habituellement au ranch) sont transportés dans le désert et mélangés au troupeau.

los carneros y el resto de las hembras jóvenes son transportados al mercado.

Hacia diciembre, los carneros (mantenidos habitualmente cerca del rancho principal) son transportados en camiones al desierto e introducidos en los rebaños de ovejas. Se emplean suficientes machos para asegurar la fecundación de todas las ovejas en un período de dos semanas. De este modo, la empresa controla la fecha y duración probable de la parición.

A comienzos de primavera los rebaños son llevados del pasto de invierno a lugares más seguros de la empresa, donde puedan parir. Normalmente, estos lugares ofrecen alguna protección de los vientos de esa época, con abundante agua y con pastos razonablemente frondosos. Es aquí donde los rebaños tienen que ser agrupados bajo una vigilancia y cuidados especiales para conseguir la máxima supervivencia de los corderos recién nacidos.

El parto es un momento particularmente ansioso. Ocurre a

Les béliers sont transportés en nombre suffisant de sorte qu'en quinze jours toutes les brebis soient saillies. De cette façon, on peut contrôler et prévoir la date et la durée de l'agnelage.

Au début du printemps, les troupeaux quittent les prairies pour se rendre à l'endroit prévu pour l'agnelage. C'est à cet endroit, généralement protégé des vents dominants, pourvu d'une pâture luxuriante et riche en eau, que l'on rassemble les troupeaux avec beaucoup de vigilance et de ménagement afin que le maximum d'agneaux survivent.

L'agnelage est une période de tension car l'agneau peut naître à toute heure de la journée et les complications ne sont pas rares. Le problème des mises bas par le siège est sérieux et peut tuer la brebis et son agneau si l'on ne vient pas à son aide. Parfois l'agneau survit mais non la mère. Le berger doit alors essayer de forcer une brebis dédaigneuse dont l'agneau est mort, à prendre l'orphelin comme sien. Le jeune orphelin est recouvert de la peau que l'on a découpée

todas horas del día y de la noche y las complicaciones son corrientes. Los partos complicados son el problema principal y pueden morir tanto la oveja como su cordero si se les deja desatendidos. A veces el recién nacido vive, pero queda huérfano al morir su madre. El pastor entonces tiene que intentar engañar a alguna oveja reacia, que ha perdido su propio cordero, para que acepte al abandonado huérfano como si fuera suyo. El corderillo muerto es pelado y se envuelve al huérfano con esta piel. Entonces el pastor sujeta a la oveja y da su teta al adoptado.

Si todo va bien, el olor característico de su propio cordero muerto tranquiliza su instinto que le hace rechazar al intruso. No obstante, en ocasiones la estratagema fracasa y el cordero "adoptado" tiene que ser alimentado con leche de botella por el pastor so pena de que perezca.

Es durante las dos a tres semanas de parición cuando el sufrido pastor lleva su resistencia física al límite. La posibilidad de un

---

sur l'agneau mort. Le berger tient la brebis et donne la mamelle à l'animal déguisé. Si tout va bien, l'odeur familière de son propre agneau disparu apaise l'instinct de la brebis à rejeter l'intrus. Cependant la ruse ne prend pas toujours et le berger se voit dans l'obligation de nourrir au biberon le pauvre agneau qui, sans cela, périrait.

C'est pendant les deux ou trois semaines de l'agnelage que le berger teste au maximum sa résistance physique. L'inquiétude due à la succession de crises mineures se développe au sein d'une atmosphère rendue encore plus pesante par l'éventualité d'un grand désastre. Un coup de froid hors saison ou une tempête de neige peut geler les agneaux sur place en moins de dix minutes après leur naissance. Les agnelages catastrophiques pèsent lourd dans la mémoire de chaque éleveur de moutons propriétaire de ranch et constitue l'élément traditionnel de chaque élevage. Aucun autre moment n'est plus propre au caractère délicat de l'élevage des

desastre importante se hace patente en un ambiente cargado de toda una sucesión de crisis menores. Una helada extemporánea o una tempestad de nieve pueden congelar los corderos recién nacidos. Todo ranchero de ovejas conserva marcadamente el recuerdo de pariciones catastróficas que constituyen parte de la tradición de cada empresa. No existe otro momento más palpable del carácter arriesgado de la cría de ovejas en condiciones de campo libre.

Poco después de la parición, las ovejas son esquiladas y marcadas con pintura. Equipos de esquiladores, normalmente mejicanos e indios norteamericanos, viajan a través de un circuito por las zonas de ovejas y se les contrata para trabajar a destajo. El pastor trae sus ovejas a los corrales permanentes o temporales y durante breves horas el rebaño está rodeado de controles externos. De hecho, la estructura misma del rebaño se desintegra en los corrales al separarse las ovejas de sus corderos para arremolinarse por temor y frustración.

---

moutons dans les conditions telles que celles des grandes prairies.

Peu après l'agnelage, les brebis sont tondues et marquées à la peinture. Des équipes de tondeurs, le plus souvent mexicains ou indiens, font le tour des ranchs dans les régions d'élevage de moutons et réalisent le travail à la pièce. Le berger mène ses moutons aux corrals, provisoires ou permanents, et, pendant quelques heures, le troupeau se retrouve dans un espace limité. En fait, dans les corrals, la structure du «troupeau» disparaît; les brebis sont séparées de leurs agneaux et tournent en masse comme effrayées et désespérées.

Il existe, dans le système des corrals, quelque chose qui nuit au berger. Sans enthousiasme, il laisse ses moutons entre les mains brusques des tondeurs harceleurs pressés de terminer leur tâche. Il tressaille à la vue du sang sur les flancs entaillés des brebis tondues avec trop d'empressement ou par des apprentis et ressent en lui le même sentiment de culpabilité que Judas.

Hay algo en el cercamiento de ovejas que ofende la sensibilidad del pastor. Al entregar sus ovejas al duro trato de los esquiladores apresurados y nerviosos, el pastor parece tan fuera de lugar como sus ovejas. Se sobresalta al ver la sangre en los costados tajados de las ovejas trasquiladas demasiado aprisa o con ligereza por aprendices, sintiendo una punzada traidora de Judas en su conciencia.

Antes de llegar a la soledad y al solaz de las praderas de las altas montañas, el rebaño tiene que soportar una última prueba. Una vez más las ovejas son agrupadas y las madres son separadas de sus crías que balan. Ha llegado el momento a los corderos de pasar por una experiencia penosa, un tipo de rito que les distinguirá para siempre de sus antepasados no domesticados. A todos los corderos se les amputa el rabo como una medida higiénica y se les corta la marca distintiva de la empresa en las orejas. Los machos son también castrados. De nuevo el pastor parece estar desconectado de la operación, participando raras veces en la mutilación. Es como si ya hubiera hecho demasiado al romper su confianza mutua con su rebaño para entregarlo a semejantes indecencias, neccsarias pero desagradables.

Avant de s'en aller trouver soulagement et solitude dans les prairies des hautes montagnes, le troupeau doit subir une dernière épreuve. A nouveau, les moutons sont regroupés et les femelles sont séparées de leur progéniture bêlante. Puis c'est au tour des agneaux de subir l'épreuve du marquage, sorte de rite qui permettra de distinguer les agneaux de leurs ancêtres sauvages. L'on écourte la queue de chaque agneau par mesure d'hygiène et l'on fait une entaille sur leurs oreilles, servant de marque distinctive du ranch. Les agneaux mâles sont castrés ou "coupés", terme utilisé par les éleveurs de moutons. A nouveau, la présence du berger ne semble pas utile à l'opération, sa participation directe à la mutilation étant rare. Trop affecté par l'idée d'abuser de la confiance des agneaux en les livrant à de telles indécences à la fois nécessaires et déplaisantes.

La vida de pueblo y el festival vasco

Para el típico pastor vasco de antaño, los pequeños pueblos del Oeste americano debían ser evitados siempre que fuera posible. El pastor, decidido a guardar hasta el último centavo con el fin de acumular sus ahorrillos con los cuales poder volver a Europa, recelaba de la vida del pueblo. Era un mundo ajeno donde el sentido de desamparo se agravaba debido a su falta de conocimiento del inglés y donde podría fácilmente ser engañado por el estafador poco escrupuloso decidido a despojar a un ingenuo

---

La vie citadine et les fêtes basques

D'une façon générale, pour le berger basque d'autrefois, les petites villes de l'Ouest américain étaient des endroits si possible à éviter. Poussé à économiser chaque sou pour retourner en Europe, le berger se méfiait de la vie citadine. C'était un tout autre univers où son sentiment d'incapacité dû à son mauvais anglais était exacerbé et où il pouvait être la proie facile d'un escroc sans scrupule en quête d'un rustaud à rançonner. C'était aussi en ville que ces mois passés à rêver de bonheur et à

aldeano. Era también en el pueblo donde la añoranza constante del elemento femenino podría convertirse en realidad en las costosas tentaciones de las tabernas y prostíbulos.

Sin embargo, todo pastor, con independencia de sus escrúpulos, tenía que arreglárselas en los pueblos—al menos parcialmente. Mucho más significativo era el hecho de que hasta el período posterior a la Segunda Guerra Mundial, cuando el sistema de contratos garantizaba el empleo anual, el pastoreo era un trabajo por temporadas. Después de haber transportado los corderos al mercado cada otoño, se juntaban dos rebaños en uno y los pastores sobrantes eran despedidos hasta después de la parición en la primavera. Algunos podían conseguir empleo en trabajos esporádicos, normalmente en los ranchos, mientras que unos pocos se iban todos los años a California (donde, debido al clima, el ciclo anual es inverso al efectuarse la parición en el otoño). Sin embargo, la mayoría de los hombres se cobijaban en las zonas de cría de ovejas

---

désirer la présence d'une femme à ses côtés pouvaient l'inciter à dépenser son argent dans les tavernes, avec les prostituées.

Cependant chaque berger, quels que soient ses scrupules, devait quelque peu affronter les problèmes de la ville. Entre le jour de son arrivée dans le nouveau monde et celui de son départ, il allait probablement traverser des villes. Cependant il est important de souligner que, jusqu'à la seconde guerre mondiale, date à laquelle fut institué le système de contrat qui garantissait au berger un emploi à l'année, l'élevage du mouton était une activité saisonnière. En automne, lorsque tous les agneaux étaient mis sur le marché, deux troupeaux de brebis étaient regroupés en un seul et les bergers en surnombre étaient congédiés jusqu'à l'agnelage du printemps suivant. Habituellement, certains d'entre eux pouvaient se procurer un emploi de bricoleur dans les ranchs, tandis que d'autres s'en allaient chaque année en Californie (où le cycle annuel des activités du ranch était renversé à cause du climat et où l'agne-

EASTERN
OREGON
UNIVERSITY

Pierce Library – Interlibrary Loan
Eastern Oregon University
One University Blvd
La Grande, OR 97850-2899

Library Rate

para aguardar durante el período de desempleo, y esto significaba habitualmente ir al pueblo. Debido a esta situación, emergió una red de posadas u hoteles vascos. Perteneciendo a antiguos pastores que habían adquirido un conocimiento suficiente del inglés y se habían familiarizado con las costumbres americanas para poder servir de intermediarios entre el pastor y el resto de la sociedad, los hoteles llegaron a ser lo más parecido a la familia para muchos pastores vascos. Les proporcionaban señas, un lugar para guardar su vestido de calle mientras trabajaban en el campo y un refugio seguro de amigos vascos. En este lugar la comida le era familiar y podía pasar el tiempo jugando la partida vasca de cartas (el *mus*), bebiendo con sus amigos, bailando al son del acordeón y jugando a la pelota en el frontón existente junto a muchos hoteles vascos. El hotelero próspero servía como intérprete, acompañando a sus clientes siempre que tenían que visitar al médico o necesitaban comprar un par de botas. Hacía de banquero, guardando el dinero

lage se déroulait en automne). Cependant la plupart des hommes passaient l'hiver dans les régions d'élevage pendant la période de chômage, ce qui en général les obligeait à se «rendre en ville».

A travers les régions d'élevage de mouton, dans les vastes prairies de l'Ouest américain, l'on vit apparaître à cause de cette situation, un système d'auberges et d'hôtels basques. Appartenant à d'anciens bergers parlant relativement bien l'anglais, et suffisamment familiarisés avec les coutumes américaines pour servir d'intermédiaires entre les pensionnaires et la société, les hôtels étaient devenus la «demeure» de nombreux bergers basques. Le berger avait une adresse, un dépôt pour ses vêtements de ville pendant qu'il travaillait dans les prairies et un refuge basque sans danger. La nourriture lui était familière et il pouvait passer ses heures de loisirs à jouer au «mus» (jeu de cartes du Pays Basque), boire avec ses amis, danser au son de l'accordéon et jouer à la pelote au fronton attenant au mur arrière de nombreux hôtels basques. Le bon hôte-

suelto sobrante, se encargaba de enviar cheques a Europa y exten-
día crédito para el alojamiento del hombre desafortunado. Eran los
suministradores de información sobre las oportunidades de em-
pleo tanto en la localidad como en zonas lejanas. Si un pastor
decidía regresar a Europa para una breve visita, dejaría su rifle, la
silla de montar y el saco en el almacén de su hotel favorito, y si
permanecía demasiado tiempo en el Oeste como para no poder
regresar, es posible que pasara allí el resto de sus años como pen-
sionista permanente.

A través de los años los hoteles adquirieron también otras
funciones. Aunque pocos vascos vinieron a los Estados Unidos con
la intención de quedarse, algunos cambiaron de opinión una vez
establecidos como empresarios por derecho propio. Deseosos de
formar una familia, se comunicaban con los del País Vasco o regre-
saban a fin de buscar novia. Algunos se casaban con las chicas de
servicio que eran traídas por los hoteleros para ayudar en las tareas

---

lier servait d'interprète, accompagnait ses clients chez le médecin
ou les aidait à acheter des bottes. C'était le banquier qui tenait le
portefeuille de ses clients, qui envoyait des mandats en Europe et
qui faisait crédit à celui qui n'avait pas de chance. Les hôteliers
renseignaient les hommes sur les possibilités d'embauche dans la
région ou ailleurs. Si le berger se décidait à se rendre pour quelque
temps en Europe, il laissait son fusil, sa selle et son sac de couchage
dans la resserre de l'hôtel qu'il préférait et, si son séjour dans
l'Ouest américain se faisait trop long pour qu'il retourne dans le
Vieux Monde, il pouvait y passer le reste de ses jours comme
pensionnaire.

Avec le temps, les hôtels ont acquis d'autres fonctions. Tandis
que peu de bergers entraient aux Etats-Unis dans l'intention de s'y
installer, un certain nombre d'entre eux changeaient d'avis le jour
où ils se mettaient à leur compte. Désireux d'élever une famille, ils
écrivaient ou retournaient au Pays Basque pour trouver une femme.

de las pensiones. De este modo, una población vasco-americana más sedentaria llegó a instalarse en muchos pueblos pequeños del Oeste americano. Para estas colonias locales de vascos, los hoteles representaban un mundo social. Celebraban banquetes de bautizo y de boda. Es posible que los hijos de rancheros lejanos fueran pensionistas durante el año escolar mientras asistían a sus clases. Las esposas a veces pasaban el último período del embarazo en el hotel donde después daban a luz. Los heridos y enfermos residían allí mientras se recuperaban. Se traían los cadáveres de los fallecidos en los alrededores para velarles antes del entierro.

El hotel vasco era, por consiguiente, el crisol del nacimiento y la muerte, de las alegrías y las penas; un establecimiento público que cubría muchas necesidades privadas. Como tal, era la principal institución étnica, tanto de los vascos del Viejo Mundo como de los vasco-americanos.

Hay otra manifestación de la cultura vasca que es más reciente y

---

Certains d'entre eux épousaient les serveuses basques que les hôteliers faisaient venir pour travailler dans les auberges. De cette façon, une population basque et basque-américaine plus sédentaire et bien établie s'est installée dans beaucoup de petites villes de l'Ouest américain. Les hôtels pour ces colons basques constituaient un univers social bien particulier. L'on y faisait les banquets de baptême et les repas de noce. Les enfants qui vivaient dans les ranchs éloignés, pouvaient y séjourner pendant l'année scolaire pour se rendre à l'école. Les femmes enceintes y venaient passer les jours précédant l'accouchement et donnaient ensuite naissance à leurs enfants dans l'hôtel. Les blessés et les malades y venaient faire leur convalescence. On y amenait des régions éloignées les dépouilles mortelles quelque temps avant l'enterrement ou pour la veillée funèbre.

Ainsi l'hôtel basque est le creuset de la naissance et de la mort, du bonheur et du malheur, l'établissement public dissimulant la

de más limitada expansión: el festival vasco. En la actualidad, en lugares como San Francisco, Los Banos, Fresno, Bakersfield y Chino (California), Reno, Winnemucca, Elko y Ely (Nevada), Boise (Idaho), Salt Lake City (Utah) y Buffalo (Wyoming), los vascos se reunen cada verano para tener una fiesta. Los festivales, que a veces atraen hasta tres mil personas, muchas de ellas no vascas, son hoy en día renombrados en todo el Oeste americano. En Elko (Nevada), el festival nacional vasco, celebrado el fin de semana del 4 de julio, día de la Independencia de Estados Unidos, es el acontecimiento del año.

Las actividades son claramente vasco-americanas, puesto que el festival incorpora elementos del Nuevo y del Viejo Mundo, combinando el picnic americano o barbacoa con la celebración del santo patrón en los pueblos del País Vasco. El festival, pues, gira sobre elementos de ambos lados del Atlántico y también refleja el hecho de que los vasco-americanos provienen de muchas regiones

---

vie intime de nombreux basques. Il s'agissait là de la principale institution ethnique des Basques nés dans le Vieux Monde et aux Etats-Unis.

Il existe un autre élément de la culture basque, plus récent et plus limité dans sa distribution. Il s'agit des fêtes basques. Aujourd'hui à San Francisco, Los Banos, Fresno, Bakersfield et Chino (California), Reno Winnemucca, Elko et Ely (Nevada), Boise (Idaho), Salt Lake City (Utah) et Buffalo (Wyoming), les Basques se réunissent chaque été pour une célébration commune. Aujourd'hui, les fêtes basques, avec parfois la participation de 3000 personnes, sont connues partout dans l'Ouest américain et attirent aussi des non-Basques avides de festivités. A Elko (Nevada), la fête nationale des Basques, le weekend du 4 juillet, constitue l'événement de l'année.

Les activités ont un caractère basque-américain dans le sens où la fête basque comprend des traditions du Vieux Monde et du

diferentes del País Vasco. El acto comienza con una misa católica, eco del carácter religioso de la celebración en el Viejo Mundo pero sin referencia a ningún santo patrón particular. Grupos de bailes folklóricos de los clubs sociales de varias comunidades ejecutan un repertorio de bailes que es más genérico que específico, al igual que los vestidos. Es decir, cada grupo representa bailes de una variedad de lugares del País Vasco, en vez de los peculiares de un pueblo o una región. La competición atlética incluye el levantamiento y el arrastre de piedra (popular en Vizcaya) y el corte de troncos (más común en Navarra). Al mismo tiempo, las competiciones de enganchar ovejas y las pruebas de perros están más relacionadas con el rodeo americano que con la fiesta del Viejo Mundo. Hay también una barbacoa con chuletas de buey o de cordero, alubias, ensalada, pan y vino tinto y por la noche concluye la fiesta con un baile abierto.

Para la comunidad vasco-americana, por tanto, el festival es un

---

Nouveau Monde à la fois, mêlant le pique-nique ou le barbecue américain à la célébration du patron du village en Europe. Ainsi la fête fait appel à des traditions des deux côtés de l'Atlantique et souligne aussi le fait que les Basques américains sont issus de régions bien différentes du Pays Basque.

Les festivités commencent avec la messe catholique, écho du caractère religieux des célébrations dans le Vieux Monde, mais ne se réfère à la fête d'aucun Saint en particulier. Ensuite les groupes folkloriques des clubs basques de plusieurs communautés exécutent des danses. Le répertoire des danses et des costumes est plus générique que spécifique. Ainsi chaque groupe exécute des danses de toutes les régions du Vieux Monde et non d'une région ou d'un village en particulier. Les compétitions athlétiques consistent à soulever et transporter des blocs de pierre (jeu célèbre en Biscaye) et à couper des troncs d'arbre (jeu célèbre en Navarre). En même temps, des pratiques telles que la prise du mouton au lasso et les

vehículo idóneo para celebrar sus orígenes como descendientes tanto del pueblo misterioso de Europa como de los solitarios guardianes de los rebaños de Norteamérica. Sin embargo, pocos de los pastores en activo, pueden asistir a él, dado que la atención constante de los rebaños debe ser mantenida. La alegría y la camaradería de los festivales no son sino un eco débil en la grandeza de las montañas y sirven para resaltar aún más la soledad del pastor.

---

combats de chiens de berger reflètent davantage la tradition du rodéo américain que celle de la fête basque dans le Vieux Monde. Il y a également un barbecue de steaks ou côtelettes de mouton, accompagnés de haricots, d'une salade de légumes, de pain et de vin rouge et les festivités s'achèvent le soir par un défilé de danseurs.

Ainsi pour la communauté des Basques américains, la fête basque est le moyen de célébrer ses racines, héritage de la tradition de ce mystérieux peuple européen et des gardiens solitaires des troupeaux de moutons aux Etats-Unis. Cependant peu de bergers ont la possibilité d'assister à ces fêtes puisqu'ils doivent assurer une surveillance constante sur les troupeaux. La gaieté et la camaraderie des fêtes basques n'ont qu'un faible écho dans les repaires des montagnes et ne servent qu'à mettre davantage en relief la solitude du berger.

Indice

Table des matières